¿Cómo ser una persona positiva?

Plutón Ediciones

Colección Nueva Era

¿Cómo ser una persona positiva?

Federico Uzcátegui

Segunda Edición: 2019

Diseño de cubierta y maquetación: Saul Rojas

Edita: Plutón ediciones X, s. l.,
Calle Llobateras Nº 20,
Talleres 6, Nave 21
08210 Barberà del Vallés
Barcelona-España
E-mail: contacto@plutonediciones.com
http://www.plutonediciones.com

Impreso en España / Printed in Spain

I.S.B.N: 978-84-17079-77-2
Depósito Legal: B-3198-2018

Introducción

Antes de profundizar en la lectura, vamos a plantear una serie de preguntas con sus respuestas que les ayudarán a obtener más provecho de este libro.

¿Cómo saber si una persona es negativa?
Una persona cuya mente está dominada por pensamientos equivocados y cuyo comportamiento está fundamentado en esos pensamientos es una persona negativa. Estas son personas que suelen tener vendas en los ojos que no les permiten reconocer sus propios errores.

¿Quiénes pueden ser personas negativas?
Todos podemos serlo, porque somos seres humanos y no somos perfectos.

¿Es fácil reconocer si tengo una personalidad negativa?
Sí. Leyendo este libro usted podrá descubrirlo.

Está bien, tengo una personalidad negativa ¿cómo me ayudará leer este libro?

Este libro ofrece información que lo ayudará a usted —y también le permitirá ayudar a otros— a transformarse en personas positivas.

Sí, yo soy una persona negativa, pero no me interesa leer este libro.

No hay problema. Si usted le regala este libro a una persona que sí pueda interesarle, le estará haciendo un gran regalo de vida.

Y si soy una persona negativa ¿por qué debo cambiar mi personalidad?

Porque las mejores cosas de la vida: felicidad, dinero, progreso y logros, solo se manifiestan en aquellas personas que piensan y actúan de manera positiva.

¡El éxito está en sus manos!

Capítulo 1
La personalidad

¿Qué es la personalidad?

Los seres humanos adquieren patrones de comportamiento, costumbres y preferencias desde muy temprana edad, y estos rasgos, junto a aquellos que se atribuyen a la herencia, se acentúan con el tiempo determinando la personalidad del individuo. También puede decirse que el conjunto de características mentales, cualidades y defectos que determinan la manera de pensar y comportarse de una persona, forman parte de la personalidad.

Cuando mencionamos las cualidades de una persona solemos hablar de: honestidad, paciencia, convicciones, inteligencia, lealtad, sinceridad, buena memoria, ecuanimidad, optimismo. Mientras que si hablamos de los defectos, mencionamos: egoísmo, indiscreción, inseguridad, soberbia, hipocresía, deshonestidad, conformismo e inconstancia, entre otros. Ahora bien, cuando en un ser humano prevalecen sus cualidades y es capaz de mantener sus defectos bajo control, decimos que estamos frente a un individuo con personalidad positiva; mientras que por el contrario, si esta persona está dominada por sus defectos y se deja llevar por sus pensamientos equivocados, decimos que estamos frente a un individuo con personalidad negativa.

Ningún individuo es 100% positivo o 100% negativo. La personalidad humana es una combinación de ambos temperamentos, de allí que lo fundamental es ser lo más positivo posible, es decir, que nuestras cualidades sean las que dominen nuestro pensamientos y acciones y no nuestros defectos.

No existen seres humanos carentes de cualidades o defectos, hasta el ser más insignificante posee algo de inteligencia y también lo contrario, por ello es importante desarrollar las cualidades al máximo y mantener los defectos bajo control.

La personalidad negativa

Nadie posee una personalidad negativa absoluta, es decir, hay personas que abarcan dos o más tipos de comportamientos negativos, a saber:

El apático-conformista

Son personas que detestan los cambios. Creen que todo aquello que los rodea debe mantenerse siempre igual y piensan del mismo modo con relación a su forma de actuar y su apariencia física. No sienten deseos de superación, ni de lucha; no les interesa aprender cosas nuevas, y tampoco tienen objetivos ni metas propias. No evolucionan y se concentran solo en asegurar su supervivencia.

En el área laboral es evidente su falta de ambición, por lo que pueden permanecer siempre en el mismo puesto hasta el momento de su jubilación. Su presentación personal suele ser muy descuidada ya que no les preocupa su apariencia personal y es común que no les importe engordar excesivamente.

Son individuos que viven resignados a lo precario de sus sueldos y estancados mentalmente. Su satisfacción la proyectan en los logros de terceras personas, ya sean hijos, parientes o extraños, pero nunca trabajan en sus propios logros.

El señor pretexto

Estas personas poseen "invariablemente" una excusa o razón para justificar cualquier fracaso o dificultad. Es como si dentro de ellos habitara una voz que les va diciendo: "la responsabilidad es de otro", "naciste con mala suerte", "es cuestión del destino", "naciste pobre", "fuiste víctima de la situación", "nadie te comprende". Así mismo, cuando esta persona tiene una idea o decide emprender un proyecto, su voz interna comienza a decirle: "tienes que hacer mucho esfuerzo", "no es el momento indicado", "no es tan buena idea"... en fin, son seres que poseen una lista infinita de pretextos que los mantiene paralizados.

EL DESVIADOR DE ENERGÍA

Cuando hablamos de desvío de energía, nos referimos a todo el tiempo y, por supuesto, la energía invertida en hacer cosas superficiales e inútiles, con la única intención de sobresalir o llamar la atención.

Son aquellas personas que quieren demostrar que están muy bien informadas, divulgando chismes y hechos ocurridos en su lugar de trabajo o vivienda. Se hacen los listos haciendo todo tipo de trampas a las personas más ingenuas sólo para parecer más inteligentes. Si asisten a una fiesta quieren bailar mejor que todos los presentes o entablar discusiones que solo ellos ganarán aunque no tengan la razón o demostrar que son quienes aguantan más consumiendo alcohol. Suelen ser unos maestros al contar chistes, decir piropos, hacer trucos y gastar bromas. También son muy buenos con los videojuegos, haciendo piruetas con la patineta, ganando las peleas callejeras y practicando el vandalismo, es decir, desperdiciando su tiempo y su energía.

Eso sí, cuando se trata de tomar una decisión importante o tienen que enfrentar una situación donde se deben asumir responsabilidades y resolver problemas serios son totalmente torpes, indecisos e incapaces.

El envidioso

La envidia es un sentimiento que provoca mucha frustración y rencor en quien la siente. El envidioso se caracteriza por manifestar mucho desagrado cuando se entera de los logros económicos, de los ascensos laborales o de los reconocimientos obtenidos por otras personas. Ni se mencione si los demás proyectan una mejor imagen, aumentan su popularidad, viajan o adquieren un nuevo auto.

El envidioso desea —muy calladamente— que a los demás se les acabe la suerte y sufran todo tipo de contratiempos porque él se siente inferior. Si esta persona envidiosa pasa por una mala racha, no soporta ver a los demás alegres o sonrientes y menos si son personas conocidas. Y cuando se entera de los problemas ajenos, o de sus fracasos, se burla y se alegra muy dentro de sí, sintiendo un gran alivio.

En casos extremos, el envidioso es capaz de interferir en la vida de otros para crearle obstáculos, problemas y dificultar sus logros. Cuando se entera de los planes de alguien, le da consejos negativos y trata de desanimarlo. Suele ser hipócrita y desahoga su frustración tratando de dañar la autoestima de los demás. Sus frases favoritas son:

- ¡Qué mayor te ves!
- ¡Qué ridículo eres! ¡Ay!, disculpa, fue sin querer...
- ¡Pareces idiota!
- ¡Siempre tan aburrido!
- ¡Estás demasiado gordo —o flaco—!
- ¿Es otra de tus ocurrencias?

Si quiere sugestionar negativamente a otra persona le dirá:

- ¡Te ves muy mal! ¿te pasa algo?
- ¿Estás enfermo?
- ¿Por qué luces tan decaído?

Y si se trata de sembrar el inconformismo en los demás, dirá:

- ¡Te complicas demasiado! Yo prefiero estar tranquilo.
- ¡Trabajas como un esclavo!
- ¿Y para qué estudias tanto?
- ¡Ese peinado es horrible! (cuando le luce muy bien)
- ¡Tu pareja está pasada de bruta! (cuando es muy inteligente)
- ¡Qué ropa tan extraña! (cuando le luce muy bien)
- ¡Siempre tan fajado en tu trabajo! (cuando cumple con su responsabilidad)
- ¡Tienes amigos muy molestos! (el envidioso no tiene amigos)

Es importante resaltar que las personas positivas utilizan la envidia de forma constructiva, es decir, lo que sienten se convierte en un estímulo para obtener aquello que desean y las personas que despiertan su envidia, se convierten en ejemplos a seguir para lograr sus deseos.

El obtuso

Son personas que no reconocen sus errores, ni aceptan consejos. Creen que no se equivocan nunca y que todos a su alrededor sí están equivocados, también creen que todas las críticas que reciben son solo para fastidiarlos.

Es muy fácil identificarlos. Son muy inflexibles cuando discuten, no aceptan razones de nadie, poco les importa si tienen razón o no, o irse de gritos e insultos, con tal de ganar la discusión. Para no admitir que los demás pueden tener razón, trata de ocultar sus errores y fracasos para así evitar posibles burlas o sermones. Creen que su vida es un ejemplo a seguir, sobretodo por aquellos que los cuestionan, y piensan que nacieron para enseñar y no para aprender.

EL PESIMISTA-MÁRTIR

Son individuos que siempre ven el mundo de color negro. Se preocupan exageradamente por los aspectos negativos de las cosas. Siempre pronostican resultados fallidos y solo ven fracasos y desgracias en todo. Les encanta hablar de enfermedades, accidentes, situaciones desagradables, problemas conyugales y de todas las desgracias que ha tenido que enfrentar a lo largo de su existencia.

En el caso de que sea mujer, suele ser muy supersticiosa y piensa que solo nació para sufrir.

Suelen ser exagerados con sus problemas de pareja y con sus problemas de salud. Le gustan las películas donde pueden identificarse con algún personaje que sufre mucho y las canciones donde la letra haga alusión al fracaso, a la frustración y a las pérdidas amorosas. Les gusta vestir de colores oscuros y justifican su actitud diciendo "la vida es puro sufrimiento", "esto es lo que me tocó vivir", "no nací para ser feliz", "yo no tengo suerte".

El sobrado

Estas personas creen que poseen sobradas virtudes cuando logran un ascenso o un premio y lo que verdaderamente poseen es una sobrada soberbia. Son aquellos a quienes se les suben los humos ante cualquier éxito. Se creen seres superiores. Suelen ser déspotas y vanidosos. Ven por encima del hombro a cualquier persona de condición humilde y llegan al extremo de olvidarse de sus amistades menos favorecidas. Incumplen las leyes. Pisotean a los demás. Presumen de su poder e influencias.

Cuando pagan por algo, creen que eso les da derecho de maltratar y ofender a quien les brinda el servicio.

Se creen tan importantes que son capaces de crear escándalos y discusiones en público para lograr descuentos u otro tipo de consideraciones, ya que para seres "tan importantes" como ellos siempre deben haber excepciones.

Les encanta ser adulados, aunque nunca agradezcan el halago y en su vocabulario no existen las palabras "disculpe" ni "gracias".

EL APROVECHADOR

Su fundamento de vida es "lograr el mayor beneficio aprovechándose de los demás" en cualquier situación. No sienten el menor prurito al mentir, abusar, robar o agredir a otros, aunque su mala actitud sea evidente. Son personas capaces de adoptar cualquier conducta negativa con tal de lograr lo que desean.

Sienten que su máxima expresión de inteligencia es decir una mentira y que esta sea creída. Engañar a los demás los hace sentir personas muy capaces. Por supuesto, sus víctimas favoritas son personas ingenuas o ignorantes. Su visión de la vida suele ser muy distorsionada. Suelen sentir mucha "satisfacción" cuando logran perjudicar a otros, lo cual puede rayar en el sadismo. Para estas personas el aspecto sentimental de la vida no tiene ningún valor, por lo que el sexo sin sentimientos es muy apreciado por ellos.

Eso sí, cuando un aprovechador se convierte en víctima, es capaz de experimentar un altísimo grado de disgusto y reclamar justicia desmedidamente.

El mitómano

Son personas a las que "les va muy bien en la vida". Hablan permanentemente de sus triunfos y de lo fácil que se les hace resolver todos sus problemas. Alardean de ser personas muy astutas y de poseer amplísimos conocimientos. Se consideran personas admiradas y se sienten dignos de envidia. Se autocalifican como personas afortunadas e inteligentes, sin embargo, todo es una fantasía. Una falsa realidad creada con la intención de obtener consuelo al inventar historias de éxito y aparentar una gran prosperidad.

El "yo tuve... yo fui... yo hice... viaje... logré... luché...; ellos me adoran... me envidian... admiran...

extrañan...; mi pareja me ama... me necesita... me abraza, me toma las manos...; mi jefe no puede vivir sin mí... no decide si no estoy... la oficina se cae en mi ausencia...", son frases vacías, ya que la vida de estas personas suele estar plagada de ausencias y fracasos. Quieren demostrarle a los demás que son exitosos, felices, inteligentes, prósperos, afortunados, amados, y que poseen los conocimientos y la superación que no están seguros de lograr.

El imitador

El imitador es aquel que repite todo lo que ve y oye, y no posee personalidad propia. Es un tipo de persona muy común y fácil de encontrar en todas partes. Carece de originalidad y parece que fue producido en serie.

Cuando habla se expresa con un vocabulario compuesto de palabras trilladas, excesivamente coloquiales y repite los vocablos "de moda", así como los gestos, reacciones y ademanes de otras personas. Como copiar lo positivo supone un esfuerzo y exige perseverancia, el imitador termina copiando las conductas negativas y las creencias equivocadas de los demás sin notar lo equivocado que está. Como consecuencia, copia los mismos errores, los mismos vicios y tropieza con los mismos obstáculos, frustrándose y fracasando igual que la persona de la cual se copió.

Le cuesta entender a quienes piensan y actúan de modo diferente a los demás y los percibe como personas extrañas, que están equivocadas, y hasta fuera de onda. Suele manifestar que esas personas deberían actuar, pensar y hacer lo mismo que hacen todos aquellos a quienes él o ella conoce.

El manipulador

A diferencia del aprovechador que usa tácticas descaradas y agresivas para lograr sus propósitos, el manipulador usa métodos muy sutiles y muy discretos para manejar como títeres a las demás personas y así lograr de ellas lo que desea o necesita. Cuida mucho las apariencias y dispone de armas como el chantaje emocional, hablar con melancolía, poner cara de aflicción, fingir un enfermedad repentina, las lágrimas de cocodrilo, la dramatización, las mentiras, la sugestión, entre otras argucias.

Veamos cuatro ejemplos de lo que mencionamos aquí:

1. Una joven muy molesta con su novio lo amenaza:
—¡Si me dejas, soy capaz de suicidarme!
El joven, creyendo que la chica es capaz de hacerlo, decide continuar con el noviazgo para evitar esa situación extrema.

2. Otra joven, hija única, le comunica a su madre que está a punto de casarse, a lo que la madre responde entre sollozos:
—¿Y qué haremos tu padre y yo cuando te cases? Ya estamos viejos... nos vamos a quedar solos y abandonados...
La hija, muy afectada, pospone su matrimonio indefinidamente.

3. Mariana y Julieta, amigas desde el colegio, comienzan a conversar sobre el novio de Mariana. Julieta, no solo siente celos del joven, sino que se siente atraída por él. En algún momento de la conversación le dice a su amiga:
—Mariana, debes tener cuidado con Juan. Ya he oído a varias personas decir que él es un patán. Tú sabes que eres como mi hermana y no soportaría que él te lastimara. Lo mejor es que termines esa relación cuanto antes...

4. Una mujer descubre que su esposo le es infiel:
—¡Me niego a seguir contigo! ¡Me voy ya de esta casa... Puedes quedarte con tus rameras!
—¡Mi amor, perdóname! Te prometo que no volverá a pasar, fue solo un desliz... ¡Te lo juro!
La mujer lo perdona, pero el hombre sigue cometiendo infidelidades y jurando en vano hasta que, finalmente, la esposa decide irse para siempre.

EL VISCERAL

Suele ser un individuo violento y rencoroso. Habitualmente, su comportamiento es de tipo neurótico y explosivo. Pierde la paciencia con facilidad. Sufre de frecuentes ataques de mal humor y basta un gesto de otra persona para que reaccione agresivamente y se involucre en una discusión o escándalo. Si siente la necesidad de desahogarse puede provocar peleas sin verdadero motivo. Su mente está llena de resentimientos y deseos de venganza. Si conduce un vehículo es mejor que nadie se atraviese y si se embriaga puede tornarse muy violento.

El visceral es una persona impulsiva, que puede portar un arma, suele consumir mucha carne roja y mucho alcohol, y cualquier detalle puede hacerlo estallar en cólera. Suele encantarle el color rojo.

EL VOLUBLE-FESTIVO

Este individuo solo es feliz los días de fiesta. Cuando hay celebraciones, cumpleaños y fechas aniversario podemos verlo radiante, positivo y pleno de entusiasmo, pero el resto del año suele tener un comportamiento decididamente negativo. Sin embargo, de acuerdo con la fecha del año modifica su entusiasmo:

- **Año nuevo**: Es el primer día del año y, por supuesto, estas personas quieren comenzarlo de la mejor forma posible. Quieren abandonar sus vicios, cambiar los malos hábitos, lograr sus objetivos. Se muestran optimistas, decididos y alegres. Pero al transcurrir el tiempo olvidan sus promesas y caen de nuevo en la apatía y el desanimo.
- **Día del amor y la amistad:** Es el día en que se convierten en la pareja más amorosa o en el mejor amigo que existe. Tienen un comportamiento amable, sincero, se comunican, son pacientes y muestran un gran deseo de ser agradable con todos; sin embargo, al día siguiente, regresan a las peleas y discusiones, a las mentiras y engaños, y a la indiferencia con sus seres más cercanos.

• **Día de la madre.** Ese día los hijos se convierten en modelos de amabilidad, cariño y obediencia; tratan a su madre como una reina y le llevan flores y regalos. Si es el esposo, ese día la lleva a cenar, la invita al cine y hasta le da un beso. Lamentablemente, es un comportamiento fugaz. Al día siguiente desaparece la conducta positiva y, por supuesto, la madre termina desilusionada.

• **Día del padre:** Igual que el día de la madre, los hijos se muestran obedientes y tolerantes. La esposa se arregla y se pone hermosa. El padre es tratado con cariño y es plagado de atenciones. Le preparan su plato favorito y también un postre, pero al final del día todo regresa a la más tediosa rutina.

• **Navidad:** Este día especial el individuo voluble cambia profundamente su personalidad. Se vuelve generoso, comparte con todos, se vuelve muy comunicativo y actúa con mucha tranquilidad. Saluda a todos a su alrededor. Conduce respetando las leyes, cede el paso, y no grita ni insulta a los otros conductores. Si es una esposa que le reprocha constantemente a su marido que ingiere mucho alcohol, ese día no le importará que su esposo "se alegre un poco". Las mujeres se pondrán sus mejores galas, sonreirán y lucirán atractivas. Cocinarán sus mejores platos y abrazarán a sus hijos y a sus esposos. Las parejas que suelen vivir como perros y gatos harán gala de amplia tolerancia y amor mutuo, y será un día de completa armonía familiar. Lástima que solo sea el día de navidad.

A modo de conclusión, estos individuos modifican su manera de comportarse de acuerdo a la ocasión. Si hay alguna festividad se muestran como personas alegres y positivas, pero una vez terminada la celebración son tan negativos como siempre.

¿Por qué las personas tienen actitudes y conductas negativas?

Comenzaremos por mencionar que poseer una baja autoestima, sufrir múltiples frustraciones y desajustes de tipo emocional, la carencia de valores y principios, poseer una visión distorsionada de la existencia, manejar conceptos erróneos, desarrollarse en un ambiente agresivo y hostil, crecer alejado del hogar, ser víctima de manipulaciones, rodearse de malas compañías, haber sufrido maltrato infantil, recibir un mal ejemplo de los padres y hasta ciertas características hereditarias, son razones que contribuyen a desarrollar conductas negativas.

Capítulo 2
Otros modelos de comportamiento negativo

El éxito ajeno

Muchas personas, en su fuero interno, se adjudican los éxitos de los demás para sí mismos. Estos individuos suelen ser apáticos, sin metas propias y con muy baja autoestima. Por lo general se sienten incapaces de alcanzar las metas que se fijan, por lo que no realizan ningún esfuerzo por conseguirlas. Para ellos es más cómodo tomar los logros de sus hijos, nietos y parientes, o el de políticos, deportistas y artistas, como si fueran propios.

Es muy frecuente ver padres que sueñan que sus hijos logren aquello que ellos no lograron alcanzar. Los vemos forzarlos a estudiar carreras que no son las que ellos desean o estudiando simultáneamente en la escuela y música, actuación, idiomas o deportes como el fútbol, gimnasia, karate, etc. En el caso de las niñas, vemos madres que obligan a sus hijas a cambiar el color de su cabello y a mantenerse delgadas, a pesar de que cllas están gordas y tienen el pelo de otro color. En conclusión, son padres que manipulan a sus hijos para alcanzar —a través de ellos— sus deseos y sueños frustrados. Estos hijos terminan estudiando lo que desean sus padres, aceptando actividades y distracciones impuestas por ellos, vistiendo ropas con estilos impuestos del mismo modo, y casándose con hombres y mujeres que gozan de la "aprobación" de sus padres. Es común escuchar a estos jóvenes expresarse de esta forma:

• Mi padre me obligó a estudiar esta carrera. Yo no quería hacerlo, pero no tuve otra alternativa. La terminé para darle gusto. Él se siente feliz, pero yo detesto esta profesión.

• Estoy cansada de que mi madre pretenda transmitirme todo su odio hacia los hombres. No hace más que sugerirme que le haga las cosas difíciles a mi esposo. Supongo que eso le daría muchísima satisfacción, pero está loca si cree que voy a arruinar mi matrimonio.

• Mi abuela me contó que mi madre cuando era joven quería ser actriz de televisión. Con razón está empeñada en que yo estudie teatro.

• Mis padres están locos si creen que yo me pondré esa ropa tan extraña. Será que ellos querían vestirse así en su época.

En casos más extremos:

• Aún recuerdo a mi padre queriendo convertirme en un "macho". Desde que yo tenía ocho años me incitaba a maltratar a las niñas. Cuando fui adolescente me obligaba a fumar y a beber alcohol. Luego insistía en decirme que las mujeres eran objetos sexuales, y trató de convencerme de que eran poca cosa y que no podía tomar en cuenta sus opiniones. Si yo fuera así de patán, el estaría súper orgulloso, sin embargo, ¡odio el machismo! Sufrí mucho viéndolo maltratar a mi madre.

• Me pone muy triste recordar mi adolescencia. Mi madre alcanzó los 110 kilos de peso, pero yo no podía subir ni un gramo. Preferí estar sometida que vivir castigada. Ella era muy dura y estricta con eso. Gracias a los suplementos nutricionales y las vitaminas no llegué a enfermarme, pero ella me pesaba los alimentos y me restringía la comida. No podía comer nada frito, tampoco dulces, ni pasteles. Era horrible. Siempre tenía hambre. Lo peor es que mi madre siempre estaba luciéndose hablando de mi cuerpo esbelto. Siempre me veía muy complacida como si yo fuera su trofeo, sobre todo en mi fiesta de quince años. Era algo exagerado. A los 20 años hui de casa, fue la única forma que encontré para librarme de su control enfermizo.

Es importante señalar que los padres siempre querrán lo mejor para sus hijos, que sean seres exitosos y que logren todo lo que se propongan. Pero no debemos olvidar que los hijos son seres independientes con sus propios sueños y objetivos. Nunca debemos manipularlos para satisfacer nuestras ambiciones a través de ellos.

El fanático

Estos personajes aprecian muchísimo los objetos relacionados con sus ídolos: uniformes, autógrafos, carteles, escudos, fotos. Se sienten triunfadores con un simple apretón de manos de alguno de ellos, tomándose una fotografía en su compañía, o si logran algún tipo de comunicación con ellos.

Si son fanáticos de un equipo deportivo y este logra un triunfo, lo celebran y disfrutan con mucha euforia, sin embargo, si el equipo pierde, el fanático puede reaccionar violentamente y con mucha frustración, y en algunos casos puede llegar a sentirse deprimido.

El alegre artificial

Estas son personas que buscan la manera de estar alegres y animadas, pero artificialmente. Son aquellos que estimulan su mente y cuerpo tomando bebidas alcohólicas, consumiendo drogas o cualquier cosa que los ayude a experimentar un alto grado de bienestar, pero la felicidad que sienten es tan falsa como efímera, con el consecuente daño para su salud. Muchos dicen que de esta manera se desinhiben y se comunican mejor. Otros que lo hacen para escapar momentáneamente de sus problemas, pero esto no resuelve nada y es el camino directo al alcoholismo o a la drogadicción.

Es muy frecuente escucharlos decir frases como estas:

- Cuando me tomo unos tragos me siento más alegre.
- Tengo ganas de perderme en los tragos...
- Sin alcohol no hay fiesta...
- Compadre, tráigase la botella y nos alegramos juntos...
- Si no existiera la bebida, todo sería aburrido.
- Si fumas de esta yerba te vas a sentir muy bien.
- Conseguí éxtasis, ¡ahora sí vamos a volar!
- ¡Date unos pases para que te animes!

Si usted desea saber qué tan propenso es a convertirse en un alegre artificial, puede contestar el siguiente test:

1. Para usted, ¿qué significan los bailes y las fiestas?

a. Es una forma de compartir y distraerse.

b. Es la manera de disfrutar al máximo ciertos placeres de la vida.

2. Si en estas reuniones no hubieran bebidas alcohólicas, ¿pensaría usted del mismo modo?

a. Sí.

b. No. Sería demasiado aburrido.

3. ¿Necesita tomar bebidas alcohólicas para sentirse alegre?

a. No.

b. Siempre.

c. A veces.

4. Después de asistir a una fiesta ¿termina usted embriagado?

a. No.

b. Siempre.

c. A veces. En ocasiones no recuerdo nada.

5. Cuando ve a otras personas ingerir alcohol ¿siente deseos de beber usted también?

a. No.

b. Siempre.
c. A veces.

6. Cuando ingiere bebidas alcohólicas, usted lo hace para:
a. Acompañar a mis amigos o familiares.
b. Me gusta tomar aunque me encuentre solo.

7. La primera vez que probó una bebida alcohólica:
a. Lo hice por iniciativa propia.
b. Fui presionado a hacerlo.

8. ¿Qué piensa de las personas que no ingieren bebidas alcohólicas o que beben muy poco?
a. Es una decisión personal.
b. No disfrutan de la vida.

9. Con que frecuencia se embriaga?
a. Muy poco.
b. Una vez a la semana o quincena.
c. Siempre que puedo.

10. Cuando está deprimido o tiene problemas, ¿ ingiere bebidas alcohólicas en busca de alivio?
a. No.

b. Siempre.
c. A veces.

RESULTADOS

9 a 10 respuestas "a": Usted sabe cómo divertirse sin descuidar su salud.

6 a 8 respuestas "a": El alcohol no representa un peligro para su salud, aunque usted no está muy seguro de sus convicciones.

3 a 5 respuestas "a": Usted tiene altísimas posibilidades de caer en el alcoholismo.

0 a 2 respuestas "a": Tenga cuidado, ha tomado el camino equivocado. Usted se está haciendo daño mental, física y socialmente. Debe controlar su ingesta alcohólica. Quizás debería acudir a un grupo de Alcohólicos Anónimos (AA) y solicitar ayuda antes de que sea demasiado tarde.

LA OPULENCIA DESMEDIDA

Todos hemos conocido a alguien que gasta todo su dinero presumiendo de su poder adquisitivo.

Son seres que viven compitiendo con los demás para ver quién posee más comodidades, bienes y lujos. De hecho establecen una silenciosa rivalidad con aquellos que forman parte de su círculo social para dejar claro quién es el más importante y quién posee más poder económico. Poseen grandes cuentas bancarias y se lucen gastando grandes cantidades de dinero en objetos de moda, vajillas de lujo, colecciones de arte, residencias majestuosas, jardinería exótica, valiosísimas joyas, autos último modelo, motocicletas deportivas, alta tecnología, extrañas y exóticas mascotas, muebles de autor y un sin fin de cosas. También organizan lujosísimas fiestas y compiten para ver quién es el mejor anfitrión, quién es el más elegante, quién goza de mayor notoriedad y quién llena más páginas de las reseñas sociales.

El objetivo de todo esto es mostrar toda su opulencia. Algunos hasta crean motivos extravagantes como excusas para celebrar: el cumpleaños del perro, el cambio de muebles, que el niño dejó los pañales, que el gato cazó su primer pájaro, cualquier cosa será un excelente motivo para hacer una gran reunión y mostrar todas sus pertenencias.

Al pasar el tiempo, estas personas se tornan terriblemente ambiciosas e insensibles. Su único objetivo es lograr sus metas materiales y nuevas maneras de presunción, llenarse así de satisfacción y proyectar una falsa imagen de felicidad. Recuerde que esta persona vive en permanente estado de competencia con otros. Permanecen atentos a las últimas novedades tecnológicas, al último grito de la moda y a todo aquello que sea novedoso y actual, y suelen ser los primeros en adquirir el último y más novedoso teléfono móvil del mercado.

Este despilfarro permanente no es tan importante en las personas de clase alta, ya que su vida financiera no se verá notoriamente afectada, sin embargo, en las clases media y baja es una conducta que causa estragos desastrosos. Y es usual ver personas de estos estratos compitiendo con personas de clase alta. Comprando objetos lujosos e innecesarios con el argumento de que "es para estar a la altura", "para no quedarse atrás", o peor, "para no sentirse rezagados". Estas personas son de las que organizan fiestas "a todo dar" aunque después queden endeudados por largo tiempo, o son de aquellas que temen ser calificadas de "simples" o "tacañas" y organizan fiestas y compran cosas descuidando sus necesidades básicas solo para demostrar lo contrario.

Más allá de las consecuencias económicas, organizar "la gran fiesta" les produce una gran satisfacción a estas personas. Piensan que esta es una de las maneras de alcanzar la felicidad, lo que es una creencia totalmente equivocada. Se sugestionan al creer que van a pasarlo muy bien. Es la gran oportunidad para lucir sus mejores galas, bailar, conocer nuevas personas e ingerir bebidas alcohólicas. Todo ello las pone de muy buen humor y —con su animo dispuesto para el disfrute— es lógico que la pasen muy bien. Pero todo es una fantasía de apariencias y falsas alegrías. La realidad es que viven con un permanente deseo insatisfecho de ser felices.

Es importante señalar que las fiestas son positivas cuando existe un verdadero deseo de compartir con los demás; cuando las conversaciones son relajadas, alejadas de las críticas y de las discusiones; cuando la alegría es espontánea; cuando se evitan excesivos consumos de alcohol; y cuando el evento tiene una razón de ser, y no cuando es una simple excusa para que el anfitrión se luzca y presuma de todo lo que tiene.

En ocasiones, algunas personas se sienten bien cuando despliegan su opulencia y llegan a confundir esa sensación con la felicidad, por otro lado, hay quienes creen que no poseer riquezas los hace seres insignificantes y de poco valor. Nada más alejado de la realidad. Una persona que piensa y actúa de forma positiva es un ser humano evolucionado y valioso, y eso no tiene nada que ver con la posesión de dinero o riquezas. Además, hay ricos positivos y negativos, y también pobres positivos y negativos.

Por todo lo expuesto anteriormente es importante hacer las siguientes reflexiones:

- Las cosas materiales:
  No tienen virtudes especiales.
  No hacen más inteligente a su dueño.
  No son garantía de felicidad.
  No cubren las necesidades afectivas.
  No ayudan a mejorar la personalidad de quienes las poseen.
  No siempre representan la verdad, dice el dicho que "las apariencias engañan".
  Pueden modificar la conducta de su dueño hacia lo negativo, como todo tipo de exceso.
- Las personas positivas no necesitan acumular grandes riquezas para ser felices. Se puede vivir con lujos y riquezas, pero insistimos en que los excesos son negativos.
- Acumular bienes, lujos y riqueza por parte

de un solo individuo es evidencia de no tener claro la función de las cosas materiales.

- Exagerar la importancia de los bienes materiales es atribuirles un valor que no poseen, distorsionando su finalidad.
- Cuando alguien se deslumbra ante la riqueza económica hace evidente su falta de convicciones y poca autoestima.
- Muchas personas creen que poseer gran cantidad de cosas materiales los hace prestigiosos. Otros creen que esas cosas representan su felicidad y que ese será el mejor legado que le dejarán a sus hijos, lo cual es una creencia tan equivocada como la acumulación misma de cosas.

A continuación cuatro ejemplos donde se confunde el valor de las cosas materiales:

1. Ricardo cree que rodear a sus hijos de juguetes, golosinas, ropa y teléfonos celulares los hará muy felices. Él piensa que durante la infancia no es necesario nada más.

2. Manuel piensa que casándose con Oriana, la hija de un gran empresario, tendrá infinidad de cosas que lo harán muy feliz. Él no está enamorado de la joven, pero cree que las comodidades, lujos y

el vehículo nuevo que obtendrá como regalo de bodas lo convertirán en el hombre más feliz de todos.

3. La función de un auto, sea sencillo y económico o muy caro y elegante, es facilitar el traslado de las personas rápida y cómodamente. Carlos, que deseaba un medio de transporte cómodo, compró un vehículo económico y funcional, mientras que Juan lo que deseaba era impresionar a todos y presumir de su vehículo nuevo, así que terminó comprando un auto caro y muy sofisticado que le cuesta trabajo mantener.

4. Dos amigas asisten a una reunión. Ambas se visten elegantemente, pero Diana se adorna solo con un sencillo collar y lleva un reloj y zarcillos muy discretos; en cambio, su amiga Luisa usa joyas muy vistosas, un reloj grande y lujoso, varios anillos con pedrería, grandes zarcillos y hasta una peineta con incrustaciones de diamantes. Por otra parte, Diana está segura de que los buenos modales, el respeto, la simpatía, la buena conversación y los buenos pensamientos son rasgos positivos de la personalidad, mientras que Luisa está erróneamente convencida de que un atuendo llamativo, que muestre el rango social de una persona —y que además despierte la envidia de los demás—, es la mejor manera de mostrar su personalidad.

Odio al trabajo

Sea a manera de desahogo o de protesta, cuando una persona no está contenta con su trabajo tiene la tendencia a actuar de forma negativa. El descontento aflora criticando al jefe, siendo prepotente y descortés, y trabajando con lentitud y sin entusiasmo.

Es importante poseer un trabajo con el que nos sintamos a gusto, por lo que si usted no lo está podemos sugerirle que:

1. Busque otro empleo. Trate de conseguir un trabajo donde realice una actividad que sea de su agrado y donde pueda ser creativo, productivo y eficiente.
2. Si no puede cambiar de empleo, cumpla con su trabajo con la mayor responsabilidad y profesionalismo que le sea posible mientras logra el cambio.
3. Estudie en su tiempo libre y fórmese para ejercer un oficio o profesión mejor que la que posee actualmente.
4. Observe cómo se desenvuelven sus compañeros de trabajo. Si no lo hacen igual que usted, trate de descubrir el por qué.
5. Si no le agrada recibir ordenes y tener superiores, trabaje de manera independiente. Podría

dedicarse a las ventas, iniciar un negocio nuevo o ejercer múltiples oficios como: la electricidad, la plomería, la jardinería, manualidades, costura, repostería, clases para niños, cocina, artesanía, entre otras labores.

Otra recomendación importante: no haga como esas personas que llevan sus problemas a sus sitios de trabajo a menos que quiera que todos se enteren de sus asuntos personales. En muchos casos es preferible solicitar un día libre para solucionar la situación que lo aqueja, en vez de pasar el día mal encarado y trabajando de mala manera.

QUIÉREME TAL COMO SOY

Esta es la frase del gran egoísta. Es lo que dicen quienes pretenden que sus seres queridos —pareja, cónyuge, hijos, hermanos, padres— soporten su manera de ser, dicho en otras palabras: "es tu obligación quererme como soy" o "tienes que tolerarme" o "yo nací así" o, llevándolo al extremo, "yo soy así y no voy a cambiar".

Todas las personas, a lo largo del tiempo, crecen y maduran mentalmente. Es una condición que les permitirá dar lo mejor de ellos mismos en todos los aspectos: afectivos, familiares y laborales; y no tendrán que obligar a nadie a soportar los aspectos negativos de su personalidad.

A continuación, relataremos experiencias comunes de esta condición egoísta:

- Una pareja le dice a la otra:

—Sería bueno que bajaras un poco de peso, estás usando tallas cada vez más grandes...

—¡Otra vez el mismo discurso!... Ya te dije que a mí no me importa, ¡si me quieres, te lo calas!

- Un padre le reclama a su hijo:

—¡Ya tienes 25 años!, es hora de dejar la flojera y buscar un empleo. No puedo mantenerte toda tu vida...

—Ya te he dicho que el trabajo no es lo mío, así que no insistas. ¡Olvídalo, yo no nací para eso!

- Una conversación de pareja:

—Tú lo sabías, así que no sé por qué te molestas. Desde antes de conocerme, todos los viernes yo me voy a tomar los tragos con mis amigos.

—Sí, pero es que ahora tienes familia y te estás gastando el dinero para alimentar a los niños...

—¡Qué molestia! No puedo hacer nada tranquilo. Yo mejor me voy de aquí...

- Un señor le reclama a su esposa:

—¡Por favor!, tienes que comportarte como una señora de tu edad. Ya no eres una adolescente. Vas por la calle batiendo las caderas, usando escotes exagerados, y vistiendo como una quinceañera. Además, le das excesiva confianza a tus amigos, no puedes andar con esa agarradera con ellos como si fueras soltera, eso no está bien, se presta a malos entendidos sobre todo si vas a bares con amigas divorciadas... y lo último es esa manía de mascar chicle con la boca abierta... ¡¿lo que no hiciste de joven, pretendes hacerlo ahora que estás casada?!

—¿Y a ti qué te pasa? ¿Estás celoso? ¿Por qué no admites que yo soy así? A mi edad puedo hacer lo se me antoje. ¡Acéptalo!

- Un padre, con modestos recursos económicos, se ve presionado por su hija:

—Pero papá, ¡no seas tacaño! Comprende que yo tengo que estar a la moda...

—Hija, entiende que no puedo darte más dinero. Estás gastando más de lo que puedo disponer.

—Bueno, ve a ver qué haces... Así son las cosas en este momento. ¡Tienes que adaptarte y aceptarlo!

—¡Pero, si a duras penas estoy cubriendo los gastos de la casa!

• Una esposa le reclama al marido:

—¡Estoy cansada de tus infidelidades, Raúl, esto ya es insoportable!

—Yo soy hombre y ¡eso es así!

—Pero, ¿por qué no tratas de cambiar?, estás arruinando nuestro matrimonio...

— Mira, si no te gusta como soy puedes irte...

Ser o aparentar

Hay una inmensa cantidad de individuos que desean ser alguien importante en la vida. Hay otros que desean alcanzar cosas importantes. Sin embargo, no son capaces de hacer el mínimo esfuerzo por lograrlo y se conforman con aparentar aquello que tanto desean. Prefieren mentir y fingir situaciones para hacer creer y convencer a las otras personas, en vez de esforzarse para lograr sus objetivos. Estas personas viven acostumbradas a la simulación y pierden el sentido de la realidad.

Algunos ejemplos de ello son:

• Una mujer con un sobrepeso de 105 kilos, muy poco cuidadosa con su apariencia y una terrible autoimagen, está segura de que su marido la engaña. Sin embargo, frente a sus familiares ella finge que ella y su marido son una pareja armoniosa y estable. Disimula ante los demás y pretende hacer creer que ella y su esposo son felices y que forman una pareja maravillosa. Así mismo, a pesar del casi inexistente contacto íntimo, ella declara:

"Tenemos una vida sexual muy activa. Él solo lo hace conmigo..."

Sus primeros años matrimoniales fueron armoniosos, pero después del nacimiento de su primer hijo, comenzaron los problemas, las discusiones, el deterioro de la relación, el descuido físico, y la relación comenzó a empeorar, por lo que sobre todo él no quiso tener más hijos.

Con el tiempo, llegaron a oídos de esta señora comentarios como: "Su marido dice que está muy gorda, que ya no le resulta atractiva...", "Ella es responsable de su apariencia, es una descuidada al abandonarse de esa forma", "Seguro que él ya tiene una amante, nunca está en su casa..." y, presa de la indignación, decidió embarazarse en contra de su esposo. Lo hizo aprovechando las muy escasas oportunidades en que mantenían relaciones sexuales. Un año más tarde, del mismo modo, se embarazó una tercera vez. Solo con la única intención de demostrarle a las demás personas —y particularmente, a las que descubrió hablando mal de ella—

que su esposo sí la seguía amando y que sí quería tener intimidad con ella.

Todo esto acentuó el distanciamiento entre ambos, al punto de dormir en cuartos separados para evitar cualquier tipo de intimidad. Mientras, ella seguía fantaseando con un cambio en la situación, con mantener contento a su esposo y ser feliz nuevamente, sin embargo, solo soñaba. Ella no era capaz de hacer nada para mejorar ni su apariencia, ni su relación, y seguía conformándose con aparentar frente a todas las personas que conocía.

• Martín está muy desanimado con su actual matrimonio. Es infeliz en su vida conyugal ya que tiene muchos problemas con su pareja, sin embargo cuando se encuentra con los amigos o sus familiares, finge felicidad, sonríe y habla sobre lo bien que se encuentra. Asiste frecuentemente a bares y lugares nocturnos donde desahoga su frustración, pero no es capaz de comentarle a nadie sus problemas por miedo a ser objeto de burlas o ser motivo de lástima, así que vive escondido tras una falsa pared de felicidad.

• Ramón, desde que tenía 22 años, les ocultaba a todos quienes lo conocían sus dolencias, enfermedades y problemas familiares. Se había convertido en un alcohólico empedernido, pero quería demostrarle a todos que el alcohol no le hacía daño y que los comentarios que hacían las personas acerca de su comportamiento eran puras exageraciones.

Era un trabajador incansable y practicaba varios deportes, al mismo tiempo dormía muy poco y asistía a un sin fin de eventos sociales donde consumía excesiva cantidad de alcohol. Lo hacía con la intención de demostrar que estaba bien, que era una persona sana y llena de vida. Solía decir: "Quien no bebe y no se emborracha no sabe nada sobre el disfrute de la vida". A los 30 años comenzó a perder cualidades y envejeció repentinamente. A los 35 años murió víctima de las consecuencias que produjeron tantos abusos en su cuerpo.

• Infinidad de jóvenes de clase media visten y adquieren ropa muy costosa solo para impresionar a sus pares y que estos crean que pertenecen a un nivel socio-económico más alto.

• Existen jóvenes que al pretender a una chica, desean aparentar mucha capacidad económica, y se lucen llevándola a cenar a lugares de lujo donde pagan cuentas muy elevadas que se salen de sus verdaderas posibilidades económicas.

• En el afán de aparentar que están disfrutando la vida, cada fin de semana se pueden ver hombres y mujeres emborrachándose, totalmente convencidos de que sí están disfrutando mucho.

• Con la intención de hacer creer que poseen una felicidad y una alegría desbordantes, hay quienes pasan su tiempo riéndose de comentarios sin sentido o de chistes ridículos, solo para ocultar sus verdaderas frustraciones y amarguras.

Como conclusión, existen infinidad de personas que en vez de luchar por aquello que desean se conforman con aparentar lo que no son. Si usted identifica que está en esta situación, piense en las siguientes reflexiones:

1. ¿Qué gano con aparentar lo que no es verdad? Nada, porque muy pocos se creerán el engaño.

2. ¿Por qué lo hago? ¿Para sentirme superior o para quedar bien?

Usted se está engañando a si mismo, así que no pierda su tiempo.

3.Con esta actitud ¿lograré ser feliz?

Para nada. De hecho, se alejará cada vez más del éxito y la felicidad.

4. Lo hago para evitar que se burlen de mí...

De modo natural, las personas rechazan a los mentirosos y una manera de demostrarlo es burlándose de ellas. Si usted necesita ayuda es mejor que sea sincero con usted mismo y con los demás.

5.¿Por qué una persona simula lo que no es?

En la mayoría de los casos lo hace por inseguridad, incapacidad o envidia.

6.De continuar con esta actitud ¿qué lograré?

Continuar con el sentimiento de frustración y con los problemas que genera mentir.

7.Simular lo que no se es ¿es siempre una mentira?

Claro que sí, ya que después de aparentar una cosa, deberá aparentar otra y otra y otra...

8. ¿Cómo puedo salir de esta situación?

Lo primero es hacer una lista de los objetivos que quiere alcanzar. Comience por poner en primer lugar el más sencillo de lograr y continúe con el más complejo hasta llegar al más difícil. En la medida que va logrando sus primeros éxitos, ganará confianza en sí mismo y logrará en corto tiempo verdaderas y propias satisfacciones.

9. Cuando quiero aparentar algo yo tengo asegurada la credibilidad, ya que sé actuar y mentir muy bien...

No lo crea. Existen infinidad de detalles que delatan al que simula lo que no es.

Por ejemplo:

Una persona le dice: "Me encanta leer. He leído centenares de libros". Sin embargo, cuando esta persona habla, su vocabulario es muy pobre y se expresa muy mal. ¿Cuándo la escucha, cree usted que esa persona ha leído tanto?

Una compañera de trabajo le dice que está muy bien y que se siente muy feliz por tal o cual razón, mas, usted la nota preocupada y cabizbaja. Cuando usted se acerca a preguntarle qué le pasa, ella responde que nada, que ella siempre está así. Si por casualidad se toma unos tragos comienza a hablar en tono de queja y a lamentarse. Después de eso ¿creería usted en la felicidad de esa persona?

Su vecina de al frente le comenta en una conversación cualquiera que ella tiene una familia preciosa, que su esposo es muy amoroso y que sus niños están siempre muy alegres; pero usted, desde su casa, escucha los gritos, portazos y discusiones que surgen en esa vivienda, observa a los niños con cara de preocupación y al señor que no dice ni buenos días. ¿Cree usted que su vecina le está diciendo la verdad o que solo está aparentando?

Otra vecina le dice: "Yo duermo tranquila como un bebé, no necesito tomar pastillas para conciliar el sueño". Pero si usted la observa bien, tiene los ojos enrojecidos y, bajo el maquillaje, tiene ojeras muy marcadas. Mientras conversan bosteza repetidamente y en ciertas oportunidades la ha visto cabeceando durante el día. ¿Cree usted que con todos esos síntomas su vecina duerme como un bebé?

Otro ejemplo es el de los dos amigos, donde uno —muy vanidoso— le dice al otro:

—Yo le compro ropa a mi mujer todos los meses, aparte de darle bastante dinero para sus gastos.

—¿Ah, sí... y por qué siempre lleva la misma ropa?

—Tú sabes como es ella, dice que no quiere usarla, y que para no gastarla pronto.

Pero el amigo quiere ver hasta dónde es capaz de llegar la mentira del otro.

—Hace poco tiempo la escuche quejarse porque le das muy poco dinero...

Ya con cierta molestia, el amigo le responde:

—Esa mujer es un pozo sin fondo, ¡no puedes hacerle caso!

El amigo harto del engaño piensa para sí mismo: "A quién creerá que está engañando, si a duras penas gana para comer".

Carla y Mariana son hermanas. Desde su matrimonio, Carla visita a sus padres tres veces al año y a su hermana, también casada, que vive muy cerca de ellos.

En su última visita, Mariana le cuenta a Carla lo feliz que está con su vida matrimonial, sobre su holgura económica y lo generoso que es su esposo con ella. Además le dice que se lleva muy bien con él y que se siente en una permanente luna de miel. Pero cundo Carla habla con sus padres estos le cuentan la verdad. Que Mariana pelea con el marido por las cosas más insignificantes, que él no le da dinero, que se va con sus amigos de farra, que regresa muy tarde en las noches y que su hermana se siente muy infeliz.

Aunque Carla pudo reconocer que su hermana

le estaba mintiendo, no le dijo nada para no hacerla sentir peor. Aunque quisiera ayudarla, ella sabe que Mariana es capaz de aparentar y tratar de engañar a todos quienes la rodean antes de admitir que tiene algún problema.

Daniela estaba presumiendo todo el tiempo de su bonanza económica y del buen trabajo de su esposo, enfatizando en su alto cargo y en el buen sueldo que ganaba. Un día el señor tuvo un terrible accidente y tuvo que ser hospitalizado. Daniela le dijo a todos que su marido había viajado fuera del país para recibir un tratamiento de salud. Sin embargo, una de sus amigas se enteró por otra persona que el esposo de Daniela estaba en un hospital público a causa de un accidente laboral. Del mismo modo, también se enteraron que el esposo de Daniela era un trabajador de nivel medio, asalariado, que la casa que habitan es alquilada, que los niños están becados, que sus padres la ayudan con la compra de alimentos para los niños y que el auto que conducen es de la empresa.

El sobresaliente

Todos los seres humanos queremos sobresalir de alguna manera. A todos nos agrada el reconocimiento, la popularidad, llamar la atención y ser considerados mejores que los demás. Este deseo de sobresalir puede ser un buen impulso para lograr nuestras metas y objetivos, y lo ideal es que para ello hagamos uso de nuestros conocimientos y cualidades. Sin embargo, puede darse el caso de personas que sobresalgan de forma negativa porque están dominadas por sus defectos de carácter, por pensamientos equivocados y, también, por falsos ideales.

A continuación, diferentes maneras de sobresalir negativamente:

Poseer una gran habilidad para saltarse las leyes y hacer trampas.

Sobresalir por la falta de valores, corrupción, violencia, codicia, mal carácter, etcétera.

Acumular exageradamente bienes y riquezas. Piense que es egoísta acumular tanto dinero y propiedades cuando hay tantas personas viviendo en la pobreza extrema, sobre todo si nos negamos a ayudar a esas personas.

Traficar con influencias para lograr impunidad.

Ganar todas las discusiones aunque no se tenga razón, hacer bromas pesadas, burlarse de los demás, vanagloriarse por su capacidad de humillar a otros.

No olvidemos que todos deseamos lograr el máximo desarrollo en nuestras actividades y sobresalir naturalmente por ello. Lamentablemente, no es fácil que todos alcancemos el nivel más alto en cada una de las áreas en que nos desenvolvemos, ya sea esta cultural, mental, profesional, socioeconómica o académica. Ello nos obliga a hacer el máximo esfuerzo para destacar positivamente en todo lo que emprendamos.

A nivel laboral, podemos ser empleados puntuales y atentos, una súper secretaria, un chef insuperable, una sonriente mesera, un obrero altamente experto, una enfermera dedicada y eficiente, un abogado virtuoso, una maestra amorosa, un músico reconocido, una modelo famosa, un comerciante justo y honesto, un técnico actualizado, un decorador responsable, una periodista veraz y responsable, un diseñador creativo y puntual, una actriz extraordinaria, un doctor dedicado, una modelo famosa, un sastre de vanguardia, un gerente intachable, una intérprete sorprendente...

Tome un papel, escriba su oficio o profesión y agregue después los adjetivos con los que le gustaría sobresalir positivamente. Así mismo, si usted tiene cualidades artísticas, desarrolle todo su talento. Puede ser pintura, escultura, música, teatro o literatura. La buena lectura es una excelente forma de ampliar su cultura y conocimientos. ¡Lea y se sorprenderá con los resultados!

No es tan difícil, solo es necesario hacer notar nuestras cualidades para sobresalir del montón.

Fortalezas que lo ayudarán a alcanzar una gran personalidad positiva

Fortalezas mentales	Fortalezas sociales
No ceder ante las dificultades Tener seguridad en sí mismo Poseer firmes convicciones Tener constancia en sus proyectos Poseer carisma Desarrollar su memoria	Tener buenas referencias Ser refinado Poseer una buena presencia Expresarse correctamente Conocer las relaciones públicas Poseer buenos modales

Personas con dinero

Actitudes negativas de algunas de ellas

Aquí revisaremos la situación de algunas personas que poseen una gran capacidad económica y deciden no trabajar.

Estas personas pagan por todo, contratan todo tipo de trabajadores y tienen a su orden cocineros, mayordomos, choferes, jardineros, nana para sus hijos, administradores, asistentes y personal de mantenimiento. Suelen tener mucho tiempo libre que no saben cómo utilizar. Para matar el tiempo se dedican a realizar actividades fútiles como salir a hacer compras innecesarias, organizar reuniones en casa para celebrar lo que sea, comer sin control, ver televisión hasta ocho horas seguidas, hablar horas y horas por teléfono, salir en su vehículo sin rumbo definido, pasar horas conectado a internet sin objetivo alguno, jugar *online* todo el día y toda la noche, emborracharse o drogarse, ir a locales nocturnos, solo para matar el tiempo.

Claro está que no todas las personas adineradas actúan de esta manera. Ellos poseen muchas ventajas; al no tener problemas económicos tienen todas sus necesidades básicas cubiertas: alimentación, salud, vivienda, transporte; pueden ir de vacaciones cuando lo deseen, conocer nuevos lugares, probar nueva gastronomía, pueden divertirse todo lo que quieran; y suelen ser personas satisfechas sexualmente. Algunos, inclusive, ayudan a los más necesitados.

Sin embargo, este estilo de vida también tiene ciertas desventajas: muy poca actividad física, pérdida de agilidad corporal, aumento de peso —a menos que se practique algún deporte o se realice algún tipo de actividad física—. Para estas personas existe un alto riesgo de caer en el consumo de drogas o el alcoholismo ya que es un hábito frecuente en estos estratos. Si no se es mesurado en el manejo del dinero y no se sabe administrar bien el capital económico que se posee, se puede ir a la ruina fácilmente. Tampoco es muy positiva la existencia de supuestas amistades que lo único que desean es aprovecharse de la bonanza económica de estas personas.

Otra desventaja importante es la promiscuidad. Al existir tanta facilidad para el contacto sexual y no involucrarse emocionalmente surgirá un vacío afectivo donde no existe ninguna correspondencia amorosa. Del mismo modo, puede llegar a sentirse mucho hastío entre el exceso de comodidades y lujos. Debido a los abusos cometidos por el constante consumo de alcohol, tabaco y drogas, puede experimentarse un envejecimiento prematuro combinado con un excesivo desgaste sexual. Por otro lado, esta situación puede llevar a experimentar nuevas experiencias, como el homosexualismo o el bisexualismo, buscando nuevas emociones y sensaciones, así como matar el aburrimiento. En casos extremos puede llegar a perderse el sentido de la vida.

Si no se es discreto, esta conducta da muy mal ejemplo a los hijos o hermanos menores, no olvidemos que los niños aprenden por imitación y observación. Del mismo modo esta situación excesivamente "cómoda" desmotiva la superación mental y espiritual, mas, si la persona cree que este tipo de vida es lo máximo y se aferra a ella como una muestra de éxito e inteligencia.

Alcanzar la riqueza económica puede ser un ideal equivocado si lo que se quiere es vivir bajo las siguientes condiciones:

- No trabajar. Hay personas que creen que trabajar es denigrante y de personas tontas. Piensan que no trabajar es un gran triunfo cuando, realmente, es todo lo contrario.
- Tener muchas personas bajo sus órdenes para maltratarlas y darles órdenes cuando se les antoje, ya que de este modo se sienten importantes.
- Tener dinero y gastarlo sin medida y de forma constante en cualquier cosa: alcohol, comida, cosas sin importancia.

- Hacer cualquier cosa sin recibir castigo alguno gracias a los amigos poderosos, a las grandes influencias y a la solvencia económica.
- Practicar sexo con muchas personas más por vanidad que por placer. Esta forma mecánica de tener sexo lo que hace es incrementar el machismo o el hembrismo y el riesgo de enfermedades sexuales.
- Acumular excesivas cosas materiales con la finalidad de dejarle una gran herencia a los hijos y nietos.
- Poseer una exagerada cantidad de artículos, como un centenar de pares de zapatos, un gran guardarropas o un gran joyero con piedras preciosas.
- Sentirse muy afortunado al saber que hay muchas personas que no tienen acceso a su modo de vida y que no pueden disfrutar como ellos lo hacen, es decir, sentirse envidiados y gozar de la impotencia ajena.

A continuación haremos un resumen de algunas declaraciones de personas que alcanzaron el nivel de "nuevos ricos":

Descubrieron que las satisfacciones que produce la riqueza son efímeras. La satisfacción de tener las cosas deseadas es solo momentánea y el encanto se acaba en muy corto tiempo. El efecto agradable se hace muy leve y eso los lleva a obtener más y más cosas materiales para repetir la sensación. Se descubre, también, que para alcanzar la felicidad se necesita algo más que lujos, comodidades y opulencia. Transcurre mucho tiempo en que se desea vivir de ese modo, se sacrifican aspectos emocionales y sentimentales de la vida, y al final se reconoce el vacío interior, el desengaño y la desdicha, porque la felicidad no se encuentra en las cosas materiales. En algunos casos, se decide aparentar que todo está bien y hacer un gran despliegue de vanidad o comenzar a emborracharse para no hacer evidente la profunda infelicidad. Pero es que dedicaron toda su vida a alcanzar un alto nivel económico y material y es muy difícil admitir el profundo error cometido.

La felicidad está dentro de nosotros, no en el exterior o en las cosas materiales. Hay muchas personas que entienden esto cuando ya es demasiado tarde.

Recomendaciones si usted pertenece a este grupo de personas	
Manténgase activo	**Comunicación**
Practique algún deporte o ejercicio. Tenga contacto con la naturaleza: puede ir al campo, la playa o la montaña. Haga trabajos sencillos en casa, como pintar, limpiar o reparar cosas.	Cultive la amistad, sea afectuoso. Hable con personas de clase más baja, entérese de cómo viven, qué hacen, cómo piensan. Hable con sus hijos. Explíqueles que hay cosas más importantes que el dinero. Mantenga un constante diálogo con ellos y con su pareja.

Sobriedad	De vez en cuando
Coma sanamente tres veces al día. Un día a la semana practique un ayuno de frutas o verduras en su estado natural. Esto es excelente para desintoxicarse de tanta comida procesada. Consulte con un nutricionista sobre buenos hábitos de alimentación. Disminuya el consumo de alcohol, tabaco o drogas. Existen productos naturales que pueden ayudarle.	Guarde su vehículo y camine. Salga sin joyas de su casa. Coma en un chiringuito o en el mercado. Haga un donativo a una organización de caridad. Cocine su propio desayuno, aunque tenga cocinera. Llene su despensa usando menos dinero del habitual.
Amabilidad	**Dedique tiempo**
Trate con respeto y consideración a sus empleados y subordinados. Siempre dé las gracias, pida disculpas y solicite las cosas por favor. Si está conduciendo su vehículo ceda el paso a los peatones.	a estudiar a meditar a orar a desarrollar la sensibilidad

Usted es tan importante como las demás personas. Estas recomendaciones lo ayudarán a mantener los pies sobre la tierra, con sencillez y un mejor sentido de la vida. Recuerde que la soberbia que puede generar el dinero es muy negativa.

La autoimagen

- ¿Qué piensa usted de sí mismo?
- ¿Usted se considera una persona valiosa o insignificante?
- Si su situación económica fuera otra ¿pensaría lo mismo?
- ¿Suele menospreciarse o suele darse ánimos?
- ¿Cuánta importancia le da a los comentarios que los demás hacen de usted?
- ¿Usted cree que merece lo mejor para su vida?

Muchísimas personas necesitan poseer una buena situación económica para hacerse una buena autoimagen de sí mismas. Aunque estas no tengan experiencia, ni sean inteligentes, ni sean cultas, ni muy importantes, si tienen dinero se sienten bien consigo mismas. Estas personas sienten que si son pobres son tontas, ignorantes, incapaces y que no valen nada.

No es nada saludable dejarse influenciar por el poder económico para establecer la imagen que tenemos de nosotros mismos, aunque para ciertas personas tanto la pobreza como la riqueza pueden alterar su auto percepción.

Es importante considerar los siguientes aspectos:

1. Todos poseemos cualidades y defectos.
2. La posición económica no otorga, ni resta, derechos a ningún ser humano.
3. El desarrollo de la capacidad mental o la espiritual no se logra a través del dinero. Esta solo se puede lograr con constancia, perseverancia y estudio.
4. La educación, la cultura y la inteligencia no son exclusividad de ninguna clase social y de ningún nivel económico.
5. Nadie está obligado a vivir para siempre en la pobreza.

Por otro lado, hay otro aspecto que influye fuertemente en la percepción que tengamos de nosotros mismos y es nuestra apariencia. Cuando una persona tiene una buena figura, un rostro agraciado, buena estatura y la piel clara, suele tener una buena imagen de sí misma, lo cual se manifiesta en una actitud segura y confiada. Por el contrario, aquellas personas que son bajitas, tienen exceso de peso, problemas de piel o alguna incapacidad o defecto físico, terminan formándose una mala imagen de sí mismas y en algunos casos se sienten acomplejadas, inseguras o envidiosas de los demás. Esta situación se agrava cuando sufren rechazos por parte del sexo opuesto. Hay casos, en los que lamentablemente no se puede remediar la situación y lo más importante es mantener siempre una mentalidad positiva, lo cual nos conducirá más cerca de la felicidad.

En todos los casos es importante mantener siempre una buena presentación:

- La ropa limpia y planchada.
- Los zapatos impecables.
- Usar desodorante. El perfume debe ser discreto.
- Evite las manchas en sus dientes. Procure que se vean lo más blancos posible.
- Si tiene problemas en la piel, consulte al dermatólogo.
- Duerma mínimo ocho horas cada noche. Esto evitará las ojeras y tendrá un mejor semblante.
- Evite el mal aliento.
- Si sufre de sobrepeso practique algún deporte,

haga ejercicios, haga dieta, consulte un especialista, cuide su salud.

- Cuide su cabello. Llévelo limpio y peinado, si es mujer un buen corte es recomendable. Si es hombre, llévelo preferiblemente corto.
- Lleve las uñas limpias y bien arregladas.
- Evite las asperezas en sus manos.
- Si es mujer, depile sus piernas y axilas y evite el vello facial. Si es hombre cuide la barba y el afeitado.
- Si usa maquillaje procure verse fresca y natural. El exceso de maquillaje envejece y es nocivo para la piel.
- Es bueno leer temas sobre "Cómo resaltar nuestra apariencia personal".

Una mujer o un hombre descuidados en su apariencia personal se encontrarán en franca desventaja frente a sus pares que cuidan los detalles de su presentación.

Sin considerar aspectos como los antes mencionados, es decir, la situación económica y la apariencia física, hay personas que se sienten insignificantes, que se menosprecian, que no sienten suficiente amor por sí mismas, que son capaces de aceptar humillaciones y bromas de mal gusto, y que no creen merecer algo mejor. Estas personas se sienten incómodas si alguien reconoce sus virtudes y le brindan algún halago. Llegan a descuidar su salud y su apariencia personal y se privan de cualquier gratificación o diversión. Son individuos que sufren una gran falta de autoestima y para mejorar esa situación pueden poner en práctica lo siguiente:

- No hable mal de sí mismo, ni de los demás.
- Respete y exija respeto. Sea amable, pero no se someta. Usted merece el mismo trato que cualquier otra persona.
- No acepte comentarios negativos hacia su persona. No pelee con quien haga tales comentarios, pero tampoco los acepte dentro de su mente.
- Cuide de sí mismo y cuide su presentación.
- Usted tiene derecho a ser feliz, a ser amado, a divertirse, a superarse y a todo tipo de comodidades. Haga un esfuerzo y luche por aquello que usted se merece.
- Lea, estudie, prepárese. A más conocimientos, mejor.
- Aléjese de cualquier ambiente donde sea menospreciado. Haga nuevas amistades y si puede cambie de trabajo o ciudad.

- No se desanime si algo le sale mal. Todas las personas fallan y cometen errores, hasta las más exitosas. Lo importante es aprender de los errores y seguir intentándolo hasta lograr el resultado deseado.
- Cuando sufra algún tropiezo, no exagere. Tampoco hable de ellos con personas negativas que pueden hacerlo sentir peor. Tómelo con calma y recuerde que "nadie es perfecto".
- Confíe en usted mismo. Tenga confianza en sus cualidades y póngalas en práctica. Comience por pequeñas metas y luego inténtelo con grandes objetivos. Manténgase optimista y seguro de lograrlo.
- Cada día, párese frente al espejo y mirándose a los ojos repita la siguiente frase:

"Confío en mí mismo. Quiero y puedo lograr mis objetivos. Lucho por lo que quiero y saldré adelante en todo lo que me proponga. Cada día soy más capaz y estoy más seguro de obtener lo mejor de la vida, sin importar lo que digan otras personas, ni las circunstancias alrededor".

A menos que usted trabaje en un medio relacionado, no se preocupe si no sabe nada sobre artistas famosos, o si no está al tanto de los récords deportivos, o si no sabe bailar, o si no conoce la letra de las canciones de moda. Estas son cosas poco relevantes. Lo importante es que usted sea una persona optimista, trabajadora, responsable y constante en todo aquello que se proponga.

Por otro lado, tenga en cuenta que hace falta más que una gran inteligencia para alcanzar el éxito. Usted puede tener un coeficiente intelectual altísimo, pero si no tiene firmes convicciones, pensamientos positivos, los conocimientos necesarios, práctica, experiencia, constancia y asertividad, no logrará sacarle provecho a esa gran inteligencia, es decir, hace falta todo lo anterior para obtener logros positivos.

Por ejemplo, Alejandro y Vicente estudiaron juntos. Alejandro fue el mejor alumno y el más destacado de su clase, mientras que Vicente no lograba alcanzar los logros académicos de su amigo, sin embargo, hoy disfruta de una maravillosa vida profesional, personal y familiar. La razón es que Vicente es un excelente lector, es una persona ampliamente abierta y positiva que nunca ha dejado de aprender y prepararse, todo esto le brinda mayores conocimientos y experiencia. Aparte de ello, Vicente siempre se planteó objetivos claros.

Es por eso que insistimos en que se necesita mucho más que la sola inteligencia para alcanzar el éxito.

PERIODOS DE LA VIDA

Aunque todos sabemos que la vida consta de diferentes periodos o etapas, vamos a realizar una pequeña revisión de cada una de ellas.

- **Lactancia**

En este periodo el neonato depende totalmente de sus padres y su única forma de comunicación es el llanto. Comienza a experimentar sensaciones como el hambre, el frío y el calor, y una de las sensaciones más importantes es el contacto con su madre. También juega con sus manos y comienza a descubrir su propio cuerpo.

- **Infancia**

El niño comienza a independizarse físicamente hacia los dos años. Ya camina y dice sus primeras palabras. Comienza a correr y a saltar, puede enojarse y reír de felicidad. Comienza a imitar a sus padres lo cual es muy significativo para los niños en esta etapa.

• Adolescencia

Paralelo al desarrollo sexual del ser humano, la adolescencia comienza alrededor de los once años. Esta es una etapa donde los jóvenes comienzan a experimentar sus primeros conflictos de tipo emocional, familiar y de personalidad. Lo más importante para el adolescente es la aceptación de sus pares, por lo que comenzará a comportarse, a vestirse y a hablar igual que ellos. Los amigos y grupos que frecuente influirán decididamente en su modo de actuar y de pensar. Se opondrá a la autoridad de sus padres y no entenderá su forma de pensar, por lo que no aceptará nada que él sienta que se opone a su voluntad.

La adolescencia es el periodo en el que ocurre el primer enamoramiento que, cuando es correspondido, suele llenar los posibles vacíos afectivos que tenga el joven. Así mismo es fácil observar que en este periodo son muy frecuentes los cambios de ánimo y de opinión.

• Juventud

Es un periodo que suele comenzar hacia los 20 años.

<u>Jóvenes con actitudes positivas</u>: Una de las posibilidades más importantes que alcanzan muchos

jóvenes a esta edad es que logran establecer objetivos y metas claras. Estudian con la firme intención de terminar la carrera en un tiempo justo. No se dejan influenciar por malas compañías. Son responsables en su trabajo y en todo lo que emprenden. Mantienen una buena relación con sus padres. Se divierten sanamente.

Jóvenes con actitudes negativas: Piensan que la juventud es eterna y que tendrán todo el tiempo del mundo. Quieren hacerlo todo desde la diversión. No toman en serio ni sus estudios, ni su trabajo. Viven experimentando excesos, lo que implica una vida acelerada, muchos desvelos y desorden en el aspecto sexual, más por vanidad que por sentimientos hacia sus parejas. Estos jóvenes se equivocan al creer que la felicidad se alcanza bailando o bebiendo y, peor aún, creyendo que mientras más alcohol se consuma, mayor será la diversión.

Es importante resaltar que la mayoría de los jóvenes suelen contraer matrimonio entre los 20 y los 28 años y al iniciar su vida de pareja adquieren un montón de responsabilidades. Deben ser cuidadosos para no caer bajo el yugo de la presión familiar para tener muchos hijos. Si tienen su primer hijo, la familia comenzará con un "¿Y no van a tener el otro?, No es tan bueno tener un hijo único...

Y entonces, ¿no le van a dar un hermanito?...". Es fundamental tener claro, las razones por las cuales se contrajo matrimonio.

Así mismo, pretender vivir como soltero cuando ya se está casado, siendo infieles, refugiándose en los vicios, o sin asumir la responsabilidad que conlleva el matrimonio es muy negativo.

- **Madurez**

La madurez es un periodo que llega hacia la cuarta década de vida, sin embargo, aunque llega la madurez física, no siempre llega la madurez mental.

Las personas que a esta edad son "inmaduras" se caracterizan por tener un comportamiento desordenado, se alteran frecuentemente, son inestables emocionalmente y suelen arrastrar frustraciones que motivan muchas conductas negativas. Suelen abusar de las comidas y de las bebidas alcohólicas, fingen disfrutar mucho de la vida para evitar ser sermoneados o ser motivo de burlas. Se ríen de todo para demostrar que son felices o para demostrar que aun son jóvenes y, en algunos casos, suelen justificarse diciendo que los demás son personas tontas que no saben disfrutar la vida. Por otro lado, hay personas que piensan en este periodo de su vida que ya no tiene ningún sentido seguir adelante, que ya no vale la pena emprender ningún proyecto, y concluyen todo diciendo "es que ya estoy muy viejo para eso".

Por el contrario, las personas positivas llegan a este periodo de su existencia con una visión diferente de la vida, disfrutan más de todo y saben que incurrir en excesos es muy perjudicial en todos los aspectos. Estas personas ya no se impresionan fácilmente y tampoco dan mucha importancia a las críticas. Suelen sentirse útiles, y suelen tener una vida sentimental muy bien definida, poseen una sola pareja y disfrutan intensamente cada relación íntima. Se prefiere la calidad y no la cantidad. Además, en este periodo se está consciente de lo importante que es cuidar y mantener una buena salud.

- **Vejez**

Después de los 65 años, una persona positiva se sentirá satisfecha con su vida y sus logros y querrá seguir siendo útil a los demás. Sabe que posee muchísima experiencia, sabrá conservar el buen humor y adaptarse a los momentos actuales. Seguramente, recordará sus años pasados, pero estará muy interesado en todo lo que ocurre en el presente. Continuará colaborando con su familia, tendrá un ánimo sereno, se mantendrá animado en caso de enfermedad y tolerará respetuoso las distintas maneras de pensar de las nuevas generaciones.

Al contrario, si la persona es negativa, vivirá resintiendo de su vida, sus fracasos y su vejez. Insistirá en creer que no sirve para nada y rumiará sus frustraciones y que no vivió como quería. Se lamentará amargamente al recordar el tiempo pasado. No comprenderá como piensan las nuevas generaciones y tildará a los jóvenes de locos e irresponsables. Discutirá con sus familiares, estará de constante mal humor, no tolerará que le lleven la contraria y llegará el momento —en que la convivencia será tan difícil— que en muchos casos tendrán que ser recluidos en asilos para ancianos para que convivan con otras personas de su edad.

EL ASPECTO MENTAL ¿DEBEMOS SUPERARNOS?

Es común encontrarse con muchas personas que, después de alcanzar cierto nivel de educación y comenzar a trabajar, no se interesan en leer ni un libro, ni en seguir estudiando y aprendiendo cosas nuevas. Estos individuos creen que con lo que saben ya es suficiente y que ya poseen las herramientas necesarias para enfrentar cualquier dificultad que les presente la vida. Suelen imitar a los demás y tomar "ejemplo" de comportamientos que ven en otras personas, también se guían por la manera de pensar de familiares y amigos. Por lo general, son personas que se creen tan inteligentes que piensan que no necesitan nada más para lograr sus objetivos.

Pero la verdad es que el aprendizaje no termina nunca. Es tal la cantidad de cosas que desconocemos que no nos alcanzará el tiempo para aprenderlas todas. Por ello es importante leer y aprender. Miles de personas se muestran indiferentes ante este hecho y si logran alcanzar el éxito económico, centran toda su atención en el aspecto material despreciando el desarrollo mental, espiritual y cognitivo.

¿Y en qué consiste este desarrollo mental?

- Es una manera de superación en cuanto a la manera de pensar y de comportarse.
- En pensar y razonar sin dejarse influenciar por conceptos erróneos o negativos.
- Es actuar tomando en cuenta las cualidades, dejando de lado los defectos.
- Transmitir optimismo y entusiasmo, y no el desánimo y sentido de derrota.

- Es proyectar una personalidad propia sin copiarse del comportamiento de otros.
- Sobresalir positivamente en el trabajo, en actividades culturales o de conocimiento.
- Es mantenerse actualizado e interesado en aprender cosas nuevas.
- No darle más valor a las cosas materiales del que realmente poseen.
- Es actuar siempre apegado a la honestidad, la paciencia, la sinceridad y a los buenos valores.

¡Superarse mentalmente, sí, lo transformará en una persona positiva!

Las siguientes frases son algunos argumentos que justifican las posturas apáticas y negativas:

• "Yo no necesito aprender nada más, yo nací para enseñar".

Para enseñar usted tiene que aprender cosas nuevas y actualizarse.

• "Yo no tuve oportunidades de aprender, apenas se leer y escribir..."

Cualquiera que sepa leer tiene acceso a la lectura y a través de ella al conocimiento.

• "Estudiar es cosa de gente rica y con dinero".
Este es un concepto equivocado. Cualquiera puede aprender cosas para mejorar su condición.

• "Ya cumplí 40 años. Estoy viejo para eso".
A esa edad aún se es joven para aprender.

• "Soy un profesional exitoso. ¿Para qué aprender más?".
Para seguir creciendo y superándose mental, profesional y humanamente. Lograr el éxito económico no garantiza ni la felicidad ni el ser una persona positiva en la vida.

• "La verdad, no me interesa superarme mentalmente. Me basta con dormir y comer".
Usted no ha alcanzado el nivel para evolucionar a una mejor condición de vida.

• "La vida es corta, mejor me divierto".
Poseer conocimientos seguramente le permitirá disfrutará mejor de su vida. Y si usted es de los que asocia la diversión a vicios y excesos, recuerde que estos solo le traerán problemas de salud, entre otros.

• "El dinero me permite comprarlo todo".

El saber no se compra. Si usted compra un libro, este no le transmitirá las enseñanzas contenidas en él de manera automática. Usted tendrá que leerlo, analizarlo y asimilar lo que en él está escrito. Repetimos, es imposible comprar el conocimiento.

• "No me interesa ser un sabio".

La idea es que usted se supere y sea cada vez mejor persona.

• "A mí no me gusta leer y cuando veo programas serios en la televisión, de análisis u opinión, me parecen muy fastidiosos. Esos otros programas de actualidad, psicología y todo lo que se le parezca, también me producen mucho sueño".

Seguramente, usted tiene su cabeza llena de cosas sin sentido.

• "¿Superarse? Eso me suena a viejo!".

Ciertamente, cuando se es joven es más fácil superarse. No espere a tener 60 años y decir cosas como "Quién tuviera 30 años menos" o "Si hubiera tenido la experiencia y el conocimiento que tengo ahora, cuando tenía 30 años..." Ser joven y poseer un buen espíritu de superación es una combinación maravillosa. No espere a que sea demasiado tarde para entender la importancia de superarse cada día.

¿Y qué se obtiene al poseer mayores conocimientos y superarse mentalmente?

1. Su vida mejorará en todos los aspectos.

2. Las posibilidades de obtener éxito, aumentarán proporcionalmente.

3. Muchas de sus interrogantes encontrarán respuesta.

4. Será parte del afortunado grupo de las personas positivas.

Una nota importante: Se debe tener cuidado de no caer en la apatía. Muchas personas están conscientes de que necesitan ampliar sus conocimientos y actualizarse, pero no hacen nada para lograrlo. Aunque tienen problemas por esta causa, prefieren demostrar una "supuesta" inteligencia teórica y fingir felicidad, en lugar de actuar para superarse.

Capítulo 3
Falsas creencias

¿Qué son las falsas creencias?

Desde que somos muy niños nuestros padres y familiares nos enseñan cosas y nos infunden sus propias creencias. Muchas de estas son correctas, pero muchas pueden estar equivocadas. A tan corta edad es muy difícil reconocer la diferencia y la mayoría de estas enseñanzas quedan grabadas en nuestra memoria influyendo en nuestro comportamiento y en nuestra manera de pensar a lo largo de nuestra existencia. Son las enseñanzas equivocadas y los malos ejemplos que observamos en nuestro ámbito familiar y social, así como en la escuela o en el trabajo, los que determinan que desarrollemos falsas creencias.

También durante nuestra juventud adquirimos nuevas creencias y en algunos casos nuestros amigos y experiencias pueden ayudar a modificar o a reforzar muchas de estas creencias equivocadas. Lo que debemos cuidar es no llegar a nuestra edad adulta y alcanzar la madurez llenos de conceptos equivocados.

Estas falsas creencias son muchas y varían de acuerdo al género de la persona, la zona donde vive —rural o urbana—, el nivel educativo, el nivel socioeconómico, su amplitud de pensamiento, entre otros elementos.

En el caso de las féminas es fácil encontrar que muchas creen que:

- Todos los hombres son iguales.
- Fumar las hace ver más interesantes.
- Es mejor adoptar un rol pasivo durante el acto sexual, que tampoco debe practicar el sexo oral porque eso es de rameras.
- El machismo existe, pero el hembrismo no.
- Un hombre debe corresponder siempre al cortejo de una mujer, aunque esta no le guste, ya que de no hacerlo ella lo calificará de tonto u homosexual.
- Hacerle caso o ponerse de acuerdo con su esposo o pareja es un acto de "sumisión".
- Es mejor no tener hijas hembras, porque las mujeres sufren demasiado.
- Si están casadas, los hombres que se acercan a ellas nunca le faltarán el respeto y que solo están interesados en una amistad "desinteresada".
- Si un hombre no se emborracha es poco hombre.

- La fidelidad masculina no existe.
- Los hombres son libres de tener relaciones con otras mujeres aunque estén casados.

Del mismo modo, es común observar como en las zonas rurales las siguientes creencias se suman a las anteriores:

- Saber limpiar y cocinar es suficiente para casarse.
- Una mujer casada no debe trabajar fuera de casa, ya que su rol es limpiar, cocinar y cuidar a los niños. El rol del hombre es mantenerla.
- La única razón del matrimonio es tener hijos, al punto de preguntarle a las parejas que no los tienen ¿para qué se casaron?
- Durante el sexo el único que disfruta es el hombre.
- Después de casada ya no importa cuidar ni la apariencia física, ni el arreglo personal.
- La mujer debe soportar que su marido sea alcohólico, mujeriego e irresponsable.

Y una de las creencias más equivocadas:

- Si un hombre no le pega a su mujer o no la quiere, pasa algo malo con él...

A continuación, mostraremos una lista de falsas creencias masculinas:

- Los hombres no lloran.
- Todas las mujeres son iguales y tontas.
- La inteligencia femenina no existe.
- Es imposible entender a las mujeres.
- Basta con darle lujos y comodidades a la familia para que todos estén bien.
- Procrear solo hijas hembras es un signo de debilidad.
- Una vez casados, los hombres pueden ser infieles, pero las mujeres no.
- Emborracharse y tener relaciones sexuales con diferentes mujeres es un símbolo de gran hombría.
- Una mujer que no llegue "virgen" al matrimonio es una cualquiera.
- No importa golpear a las mujeres, es más, lo creen necesario para controlarlas.
- La mujer es solo un objeto sexual.

Si estos hombres están en zonas rurales creen además:

- La mujer no debe maquillarse, ni cuidar su apariencia.

- Los hombres no deben ayudar en actividades del hogar porque eso es cosa de mujeres.
- Mientras más hijos se tenga es más hombre.
- Se debe enseñar a los niños a fumar, a beber y otras cosas "para que crezca como un hombrecito".

Así mismo, e independientemente del género, hay muchísimas falsas creencias alrededor de nosotros mismos. Muchas personas creen que:

- Si una persona casada está gorda es porque le está yendo muy bien en su vida de pareja.
- Aquellos que no se comportan, piensan o hablan igual que el montón es porque son personas muy tontas y desadaptadas.
- Poseer una frente amplia es señal de inteligencia.
- Aprovecharse de los demás, manipular a las personas y engañarlas es muestra de inteligencia.
- Las personas delgadas se mantienen así solo por su apariencia estética. (No olvidemos que la obesidad es una seria enfermedad.)
- Los excesos son sinónimos de felicidad: excesos al comer (obesidad), excesos en la vida se-

xual (ETS), excesos en la posesión de bienes materiales (concupiscencia), excesos en el consumo de alcohol (alcoholismo).

- La única razón para estar acabado a los 60 años es el envejecimiento, sin considerar que hay personas que a esa edad pueden padecer enfermedades, tener preocupaciones y desvelos, sufrir de mala alimentación y en algunos casos tener un estilo de vida que favorece el envejecimiento prematuro, es decir, consumir exceso de alcohol, tabaco o drogas.

Del mismo modo hay una gran cantidad de falsas creencias con relación a la felicidad. Muchas personas piensan que alcanzarán esta cuando posean mucho dinero, comodidades y objetos materiales, descubriendo —cuando alcanzan la riqueza— que no es suficiente con ella para ser felices.

Si nos preguntamos ¿qué es la felicidad? podríamos decir que es un estado anímico que aflora en nosotros:

1. Cuando nuestra conciencia está tranquila.
2. Cuando estamos en paz con nosotros mismos y con quienes nos rodean.
3. Cuando vivimos tranquilos con el medio que nos rodea.

4. Cuando nuestras necesidades básicas, como alimentación, vestido, vivienda y educación, están cubiertas.

5. Cuando nuestra vida sexual es satisfactoria.

6. Cuando nos sentimos verdaderamente apreciados y queridos.

7. Cuando hemos alcanzado nuestras metas o estamos trabajando por ellas.

De los 7 puntos anteriores, solo el número 4 está directamente vinculado al poder adquisitivo. En los demás casos, el dinero podría ayudar, pero no es necesario. En el punto número 5 lo más importante es la mentalidad de la persona, ya que hay individuos que prueban de todo en el aspecto sexual y lo hacen con tal frecuencia que llega un momento en que no encuentran qué más experimentar. Estas personas pueden probar, inclusive, tener sexo con personas de su mismo género, pero abusan tanto del asunto que al final se encuentran aburridos y muy poco satisfechas.

Así mismo hay infinidad de personas que creen que la felicidad se alcanza acumulando bienes materiales y dinero, haciendo fiestas con exceso de alcohol cada fin de semana y teniendo relaciones sexuales con infinidad de personas. Otras piensan que la felicidad depende de que los acepten tal cual son, de que su equipo favorito gane la temporada, de que cambie su suerte, de que desaparezcan los problemas con su pareja y que esta le sea fiel; o de que sus hijos sean profesionales exitosos, o poder gastar en cualquier cosa todo el dinero que ganan con su trabajo.

Por otro lado, existen personas que piensan que no podrán alcanzar "nunca" la felicidad ya que son pobres, son feas, no estudiaron, viven en un rancho, tienen un empleo mal remunerado, tienen problemas de pareja y además creen que "tienen que cargar su cruz".

OTRAS FALSAS CREENCIAS

FELICIDAD Y DIVERSIÓN

Hay personas que piensan que felicidad y diversión son una misma cosa.

- Actúan irresponsablemente en su trabajo. Hacen bromas pesadas en la oficina. Piensan que si se toman todo como algo divertido, siempre pasarán buenos momentos y serán felices. Odian cualquier cosa que inspire seriedad y suelen decir "¡No hay necesidad de amargarse la vida!".

- Cuando conducen un vehículo, creen que cualquier calle es una autopista y suelen manejar imprudentemente y sin precaución.
- No toman en serio los sentimientos de la persona que es su pareja, solo les interesa tener sexo divertido.
- Hacen chiste de los ancianos, de las personas discapacitadas, de los errores ajenos, de los defectos de las demás personas.
- Son personas particularmente frívolas.

EL MACHISMO

Cabe aquí hacer un importante llamado para recordar que el machismo no posee nacionalidad. Cualquier hombre, en cualquier país del mundo puede tener un comportamiento machista.

El machismo es una característica muy negativa de algunos hombres, la cual suele manifestarse con actitudes agresivas, egoístas, vanidosas y exageradas, y que suele estar conformada por creencias muy equivocadas sobre lo que significa "ser" un hombre.

Entre sus manifestaciones suele haber un comportamiento equivocado que revela la gran inseguridad interior de la cual el varón trata de liberarse demostrando "cuan hombre es". El abuso, el hostigamiento y el maltrato suelen ser el común denominador de este comportamiento totalmente reprobable.

Muchos varones tienen un concepto erróneo acerca de lo que significa comportarse como un hombre y creen que actuar como un macho es lo mismo. No logran entender la diferencia entre ser varonil o ser machista. Es preferible destacar de manera positiva al comportarse como un verdadero "varón" y no hacerlo como un "macho".

Actitudes machistas

- Mantener relaciones íntimas con diversas mujeres aunque sea un hombre casado o tenga pareja estable.
- Tiene o desea tener solo hijos varones. No le importa que estos nazcan fuera del matrimonio. No quiere tener hijas hembras.
- Reprime y en ocasiones, golpea a su pareja. La considera un cero a la izquierda. No le da voz ni voto, no considera sus opiniones, reclamos, y menos sus deseos.
- Practica el sexo bruscamente, sin tomar en cuenta los deseos o el ánimo de su compañera.

- Suele presentarse como hombre soltero cuando en realidad está casado y trata de impresionar a cualquier mujer que se encuentre frente a él, sin tomar en cuenta su edad o estado civil.
- Le gusta pararse en la calle para hostigar a las féminas que pasan frente a él.
- La sola idea de la infidelidad de su mujer o esposa es intolerable, sin embargo, ellos son infieles incorregibles.
- Presume de ser muy "aguantador" cuando consume bebidas alcohólicas y creen que en este estado es más "hombre". Suelen beber hasta caer al suelo de borrachos.
- Son propensos a pelear. Suelen ser violentos, desafiantes y les gusta "embestir" en la primera oportunidad.
- Suele hacer alarde de sus acciones, de sus conquistas y de sus hazañas con las mujeres para despertar la envidia de sus pares.
- Muchos hombres machistas creen que la mujer es un "objeto" desechable que se usa y se desprecia.
- Consideran un desperdicio compartir su vida o su interés amoroso con una sola mujer. Es demasiado "hombre" para decirle una palabra

afectuosa a su pareja o para demostrarle sus sentimientos.
- Muchos hombres se muestran exageradamente agresivos para ocultar que son bisexuales.

EL HEMBRISMO

El hembrismo es una actitud muy negativa de ciertas mujeres que aprovechando su feminidad manipulan al hombre. En muchos casos estas féminas se comportan y se visten vulgarmente y, además, suelen explotar su cuerpo.

En muchos casos este comportamiento no es más que el resultado de una autoimagen negativa de la mujer quien se siente mejor cuando logra atrapar la atención de los varones, lo cual la ayuda a mejorar un poco la opinión que tiene sobre sí misma.

Pero debe tenerse en cuenta que lo que aquí llamamos hembrismo es sinónimo de una exagerada manipulación, coquetería, vulgaridad y hasta prostitución por parte de la mujer. Existen mujeres que no logran percibir la diferencia entre una actitud hembrista y una mujer con actitud positiva.

Si es mujer, sea sobresaliente por comportarse como una dama, demuestre distinción y personalidad.

Actitudes hembristas

- Usar escotes provocativos en cualquier momento, hora y lugar, sin importar la compañía o la ocasión.
- Tener relaciones permanentes con varios compañeros íntimos.
- Caminar moviendo exageradamente las caderas para provocar.
- Coquetear descaradamente en presencia de desconocidos.
- Querer sentirse "deseada" por muchos hombres.
- Prostituirse —tener relaciones sexuales, sin atracción ni afecto por el otro— por razones diferentes al dinero, es decir, para lograr un ascenso en el trabajo, para lograr la aprobación de un examen o para obtener un favor.
- Coquetear con cualquier hombre, aún delante de su esposa, sólo para molestarla.
- Realizarse una cirugía para agrandarse las caderas o las mamas aún sin ser necesario.
- Vestirse con la intención de ser la más provocativa de la fiesta, solo para causar envidia en las demás mujeres y convertirse en el foco de todas las miradas masculinas.

- Quitarle el novio a una "amiga" sólo para molestarla y satisfacer la auto-vanidad.

Capítulo 4
Mejorando su apariencia

La feminidad

Una mujer si es femenina, no necesitará comportarse como una "hembra" y, seguramente, le resultará muy atractiva al sexo opuesto, por lo que debe cuidar los siguientes detalles que le restan feminidad:

1. Llevar un corte de cabello masculino
2. Las cejas muy gruesas y rectas
3. Usar botas de seguridad sin necesitarlas
4. No usar zarcillos
5. Usar relojes de hombre
6. Llevar tatuajes masculinos en los brazos
7. No depilar sus piernas y axilas
8. Usar ropa exageradamente masculina sin necesidad
9. Cruzar las piernas como un hombre
10. Tener las manos ásperas y las uñas descuidadas
11. Ser poco delicada y brusca en el trato
12. Usar perfumes para caballeros

13. El tabaquismo altera el olor de la mujer. Si fuma, el olor a cigarrillo se impregnará en su cuerpo y en su ropa cambiando su perfume natural.

Si usted desea lucir más atractiva tome en cuenta los siguientes tips:

- Evite todo aquellos comportamientos que le resten feminidad.
- Maquíllese para lucir fresca, natural y para resaltar su belleza. Si aplica maquillaje en exceso lucirá una apariencia artificial. También hay colores que lucen más artificiales que otros, pruebe con los que mejor luzcan en su rostro. No use cosméticos de mala calidad, estos pueden causar problemas en la piel, y tenga cuidado con la aplicación de las sombras de ojos y no exagere con la aplicación del rubor.
- Es importante modular la voz. Usted puede grabarse y escuchar su tono de voz, si habla claro y también su pronunciación. Hay personas que al hablar se quedan sin respiración y mujeres que hablan como si las estuvieran persiguiendo. También hay personas que hablan sin pronunciar las palabras completas, por ejemplo: "voy pa'lla" (voy para allá), "en que'Laura" (en casa de Laura).

- Al hablar es importante respirar correctamente, esto influye en la voz. Evita hablar atropelladamente.
- No exagere los movimientos de su cabeza, ni sus gestos y ademanes cuando hable. Trate de refinar su vocabulario y grave su voz para que sepa como se escucha. Al grabarse puede cambiar su tono de voz y escucharse al hablar alto, bajo, rápido, despacio. Puede grabar frases expresando alegría, preocupación, tristeza y rabia. También puede pararse frente al espejo y hablar como si estuviera delante de otra persona. Observe sus gestos, su postura, cómo mueve su cuerpo y sus manos, observe su sonrisa.
- Es importante que su ropa interior sea cómoda y de excelente calidad, esto realzará su figura y la hará sentir mejor.
- El perfume debe escogerse de acuerdo a la hora y la ocasión. Procure no marear a las personas que estén cerca de usted usando un perfume para la noche en las horas de oficina.
- Mantenga su buena salud haciendo ejercicios, esto la ayudará a evitar la flacidez y a cuidar su figura.
- Al momento de vestir considere su estatura y

peso. Del mismo modo esté atenta al tipo de calzado que usará. Si usted es alta y delgada: la ropa con rayas verticales la harán ver más larga y más delgada, las prendas unicolores y estrechas también alargarán su figura, use un calzado de tacón medio o bajo y su bolso debería ser grande, así como los cinturones anchos. Por otro lado, si usted es gordita y no muy alta: puede usar ropa unicolor que la hará lucir más alta, no use accesorios grandes, prohibidas las rayas horizontales puesto que acortan la figura y use zapatos con tacón alto con cuidado de que no alteren su figura al caminar.

- Camine con seguridad y con la espalda erguida.
- Use accesorios que favorezcan su apariencia. Aléjese de todo lo que luzca ostentoso y exagerado.
- Cuide la blancura de sus dientes.
- Cuide sus pensamientos. Si usted tiene pensamientos positivos estos se verán reflejados en su mirada igual que los pensamientos viscerales y de odio. Es fácil observar damas que no son exageradamente atractivas, pero están llenas de pensamientos positivos y de nobles sentimientos que le otorgan una hermosa apa-

riencia a su semblante, lo cual las hace inmensamente atractivas.

- Si desea más consejos de belleza puede acudir a un especialista que le enseñe cómo alargar sus pestañas, cómo cuidar su cara y su cabello, cómo maquillar sus ojos para que luzcan más grandes y también cómo mejorar la apariencia de su piel.

La belleza femenina

Todas las mujeres son bellas. Si estudiamos a la mayoría de las mujeres de una misma edad y en su estado natural encontraremos que —considerando las diferencias raciales, de estatura y peso, color de cabello, ojos, piel y la forma de su cuerpo— son todas naturalmente hermosas. Por supuesto que existe siempre una minoría, aquellas mujeres que son "extraordinariamente" bellas o aquellas que poseen ciertos problemas físicos y no lucen tan favorecidas.

Partiendo del hecho de que todas las mujeres son naturalmente hermosas ¿por qué hay unas que son más atractivas que otras? Fundamentalmente porque algunas descuidan detalles como:

- Se aplican maquillaje en exceso.
- Usan tonos de labial que les lucen mal.
- No cuidan sus problemas de piel.
- No se depilan el bigote, ni las piernas.
- Engordan demasiado y descuidan su silueta.
- Llevan el cabello mal cortado.
- Usan ropa interior que les queda mal.
- Se visten mal o combinan mal su ropa.
- Llevan las manos descuidadas.
- No tienen tema de conversación o poseen un escaso desenvolvimiento social.
- No cuidan sus pensamientos negativos, lo cual se refleja en su rostro.
- Sus dientes están manchados.
- No modulan su voz al hablar.
- Disminuyen su feminidad comportándose como varones.

Aunque no parezca relevante, estos detalles establecen una gran diferencia en los niveles de atractivo de una mujer, a pesar de que todas poseen la misma belleza natural. Podría pensarse que el aspecto económico es influyente, pero eso es totalmente falso.

A continuación, se mostrará un cuadro comparativo donde se analizarán diversos aspectos de dos jóvenes en absoluta igualdad de condiciones: Marta y Julia, 25 años de edad.

• estatura: 1,67 metros, • peso: 60 kilos,
• color de ojos: verdes, • cabello: castaño,
• medidas: 85-57-90 • piel: blanca, sin problemas de acné

	MARTA		**JULIA**	
	a favor (+)	**en contra (-)**	**a favor (+)**	**en contra (-)**
Ropa interior	X			talla incorrecta
Ropa exterior	X			mal combinada
Corte de cabello	X		X	
Peinado	X		X	
Maquillaje	X			excesivo
Accesorios		exagerados	X	
Mentalidad	Positiva			muchas creencias erróneas
Voz		mala dicción	X	

Temas de conversación	X			tonterías
Desenvolvimiento en sociedad	X			agresiva y criticona
Actitud hembrista	No			Sí
RESULTADO	**9 (+) — 2 (-) = 7**		**4 (+) — 7 (-) = - 3**	

El resultado está a la vista, mientras Marta tiene 9 puntos a favor, las fallas de Julia la harán pasar inadvertida.

LA MASCULINIDAD

Un hombre resulta atrayente para una mujer cuando este luce varonil y posee un buen olor natural. El olor a tabaco, a excesiva sudoración, a grasa u otras cosas desagradables repele a cualquier persona, no solo a la mujer. Se deben tomar en cuenta, además, que hay detalles que pueden disminuir el atractivo del varón:

- El cabello largo o femenino
- El uso de ciertos adornos o joyería
- Usar pantalones muy ajustados

- Usar camisas muy estampadas o con flores
- Llevar las uñas largas
- Usar exceso de anillos
- La delgadez excesiva

Si quiere resaltar su masculinidad debe evitar los detalles antes mencionados. Aparte de ello, evite el chismorreo y hablar vulgarmente frente a las damas. Sea cortés y trate a las mujeres con respeto y consideración. Aprecie la delicadeza femenina, así como la elegancia y el buen gusto. Evite el hostigamiento y cultive la amistad sincera.

En términos generales, la mujer aprecia ser tratada con respeto y consideración. Si una mujer sabe que un hombre es mentiroso, violento o excesivamente dominante, no le interesará conocerlo y huirá de su presencia. La mujer desea ser escuchada y valorada, así mismo, desea que sus opiniones sean escuchadas, junto a sus objetivos y planteamientos. Una mujer desea ser considerada, ante todo, una persona y detesta ser considerada un objeto sexual. Está claro que la gran mayoría de las mujeres no soportan el machismo.

PERTENECER —O NO— AL MONTÓN

Existen muchas personas que no se destacan del montón, ni mentalmente, ni en ningún otro aspecto. Estas son personas muy similares unas de otras en sus gustos, comportamientos, ideas, reacciones y objetivos. Se imitan unas a otras, no son originales y parecen copias cortadas con la misma tijera. Estos individuos piensan —erróneamente— que deben actuar, hacer y creer lo mismo que la inmensa mayoría. Copian los mismos errores, las mismas falsas creencias y sienten las mismas alegrías sin sentido. Así mismo, no abandonan sus objetivos de hacer creer que son mejores que los demás y tampoco la competencia para adquirir bienes materiales; pero no se interesan por mejorar ni espiritual, ni mentalmente.

Estas características de comportamiento los mantienen inmersos en una profunda indiferencia mental, en mantener las apariencias, en el machismo, en el hembrismo, en actitudes equivocadas y en un profundo desprecio por el desarrollo de cualidades positivas. Tenga en cuenta que si usted desarrolla cualidades positivas, se diferenciará del montón y logrará destacarse por su personalidad propia, por su creatividad, originalidad y por su carisma ante los demás.

No será difícil reconocer que la situación que

narraremos a continuación se presenta frecuentemente entre las mujeres: Una mujer solo conoce hombres que pertenecen al montón, por lo que piensa que todos los hombres son iguales, lo cual es verdad hasta cierto punto. Cuando esta dama conoce a un hombre diferente, con mentalidad positiva, ella dudará que sea cierto. Será difícil para ella creer que exista un hombre así, con pensamiento positivo y con una cabeza llena de algo más que no sean tonterías. Seguramente lo tratará a la defensiva, para protegerse de que sea igual al montón y de un posible engaño, después de todo puede ser una táctica engañosa que ella aún desconoce. Lo más probable es que este hombre sea sometido a múltiples pruebas, una y otra vez, hasta que finalmente la mujer empieza a reconocer que este hombre es realmente diferente a los demás.

Por otro lado, en el caso de los hombres, ellos también pueden encontrarse con infinidad de mujeres del montón: Mujeres que carecen de personalidad propia, que solo les interesa lo material y que tienen la cabeza llena de tonterías sin ningún valor. Suelen ser mujeres codiciosas, mentirosas, con conductas hembristas, que parecen cortadas con un mismo molde, por lo que el hombre termina exclamando "Todas las mujeres son iguales". Sin embargo, estos hombres se dan cuenta al instante cuando están frente a una mujer que piensa de manera positiva y que sobresale por su personalidad propia.

Capítulo 5
Revisión de algunos sentimientos

Envidia de padres a hijos

No todas las personas tuvieron una infancia feliz. Hay personas que sufrieron desnutrición, falta de afecto, maltratos, pobreza extrema, tuvieron padres alcohólicos o experiencias traumáticas. Muchas de ellas, para poder progresar, sacrificaron sus años de juventud y vivieron muchas situaciones difíciles. En muchos casos, sus esfuerzos tuvieron su recompensa y lograron salir de la miseria, aunque en algunos casos llegaron a sufrir de enfermedades crónicas, insomnios, envejecimiento prematuro o hasta reumatismo. Subir su nivel socioeconómico los llevó a formar una familia y cuando tuvieron hijos, estos nacieron en cuna de plata. No les faltó nada y poseyeron todo lo necesario para tener una hermosa infancia, vivir felices, y una vez llegado el momento, estudiaron la carrera que desearon.

De forma natural el o los padres recordarán su infancia y su adolescencia, y de manera espontánea compararán su propia infancia con la infancia de sus hijos. De manera consciente o inconsciente sentirán una cierta envidia, la cual puede derivar en algunas acciones negativas como castigos exagerados ante el más pequeño error, o retirarle los "privilegios" a sus hijos a modo de lección de vida para que aprendan el valor de las cosas.

Veamos un caso: una señora muy pequeña, enfermiza y no tan atractiva que tiene dos hijas hermosísimas, que miden 1.68m y 1.70m de estatura y que poseen un cabello hermoso y brillantes ojos. Visten muy bien y son jóvenes muy elegantes. Son pretendidas por muy buenos muchachos. Cada fin de semana se van de fiesta y nunca les faltan las invitaciones para salir. La mayor estudia en la universidad y la menor está terminando bachillerato.

Su madre recuerda lo triste que fue su adolescencia cuando tenía su cabello muy maltratado, comía muy mal, llevaba los zapatos raídos y vestía muy humildemente. No le daban permiso para salir y como eran muy pobres sus padres tampoco le daban dinero. Lo único que pudo estudiar fue la primaria y aunque se enamoró varias veces nunca era correspondida. Trabajó durante años como empleada doméstica hasta que conoció a un maravilloso joven con el cual se casó. Este hombre, que poseía mucha creatividad y una actitud positiva todo el tiempo, logró ascender en su trabajo, lo que ayudó a la familia a mejorar su estatus socioeconómico.

Aunque esta señora se siente muy orgullosa de sus dos hijas, su frustración de juventud le hace sentir cierta envidia hacia las muchachas.

Otra historia es la de un hombre que después de 40 años de trabajo ininterrumpido logró amasar una pequeña fortuna. Trabajó desde los 16 años como cocinero, obrero, supervisor de personal, jefe y administrador. Trabajaba horas extras y se negaba a perder el tiempo en pasatiempos, para ahorrar al máximo, descansaba poco y no tenía orden para alimentarse. Decía que hasta que reuniera una considerable suma de dinero, no se casaría. A los 35 años logró la solvencia económica que deseaba y se casó, sin embargo no disminuyó su ritmo de trabajo para no perder su solvencia económica.

Lamentablemente, a los 56 años el señor comenzó a presentar serios problemas de salud. Sufre de migrañas, úlcera estomacal, visión borrosa, su corazón está comprometido y utiliza bastón y aparato para la sordera. Gracias al sacrificio de toda su vida, a sus hijos no les falta nada, sin embargo, tantos años de privaciones le han pasado la factura. Logró progresar como se lo propuso, pero al verse tan enfermo se arrepiente de no haber sido más flexible y haber disfrutado un poco más en su juventud. Al ver a sus hijos, se siente frustrado y no deja de sentir envidia cuando los ve gozar de privilegios que él no pudo disfrutar en su juventud.

A mayor frustración de los padres, mayor puede ser la envidia hacia los hijos. Cambie ese sentimiento. El haber mejorado su situación y poder satisfacer las necesidades de sus hijos es un gran motivo de satisfacción, no solo por la mejoría alcanzada, sino por el deber cumplido como padre o madre. Recuerde que no todas las personas van a alcanzar el máximo desarrollo en todos los aspectos de su vida, sin embargo, se debe comprender que las generaciones venideras deben gozar de más y mejores condiciones de vida que las generaciones anteriores, por lo que los hijos deben superar a sus padres para poder garantizar la evolución de la especie humana.

ENVIDIA ENTRE HERMANOS

Aunque muchos padres se jactan al decir que todos sus hijos fueron criados del mismo modo y que todos recibieron el mismo trato, esto nunca es del todo cierto. Existen hogares, sobretodo en los más numerosos, donde hay hijos que son más consentidos que otros y por esta razón algunos se sienten menospreciados.

Esta situación es más común de lo que se piensa y crea diferencias entre hermanos debido al trato preferencial que reciben algunos de ellos. Los consentidos suelen ser sobreprotegidos, reciben mejores tratos y en algunos casos muestras más efusivas de afecto, mientras que los no consentidos son tratados con más dureza y en algunos casos hasta con indiferencia. Mientras el consentido es el orgullo de sus padres, los no consentidos son calificado, de tontos y se insiste en sus errores todo el tiempo.

Al transcurrir el tiempo, los consentidos y los no consentidos pueden desarrollar ciertos resentimientos que pueden desembocar en un sentimiento de envidia en ambas direcciones. Veamos un caso frecuente:

La hija mayor de la familia Pérez, Carmen, desde pequeña tenía que realizar muchas de las tareas de la casa. Su madre la "obligaba" a planchar, lavar, cocinar, y a servir la comida de su padre y de sus hermanas todos los días. Carmen no tenía permiso para salir por lo que solo podía estudiar y trabajar en casa. Sus dos hermanas, en cambio, nunca tuvieron que lavar, ni planchar, ni cocinar, tampoco eran obligadas a ayudar con las labores de la casa ya que una era consentida de su mamá y la otra de su papá. Si peleaban, el castigo lo recibía Carmen y al momento de casarse sus hermanas recibieron todo el apoyo de sus padres, mientras que ella fue prácticamente ignorada.

En la actualidad, Carmen está felizmente casada y tiene una vida tranquila, sin embargo, nunca comprendió el comportamiento de sus padres y recuerda muy tristemente sus años de soltería en los que experimentó un profundo vacío afectivo. No puede evitar sentir envidia de sus hermanas que tienen manos blancas y suaves, se desarrollaron mejor y nunca tuvieron que trabajar como ella que tiene sus manos duras y manchadas por el duro y constante trabajo doméstico que realizó desde muy joven.

Los hijos consentidos suelen serlo porque —consciente o inconscientemente— significan algo especial para sus padres: sea que son hijos muy deseados, sea que nacieron en un momento muy feliz de la pareja, por lo que su presencia les recuerda todo el afecto y la armonía de ese momento. También porque el hijo llegó en un momento en que la pareja tenía ciertos problemas y su presencia ayudó a la reconciliación, a la comunicación y a su consolidación en el tiempo.

Por el contrario, los hijos no consentidos o menospreciados son el recuerdo vivo de alguna situación que los padres rechazan: sea que son hijos no deseados, sea que el bebé llegó en un momento de conflictos serios como el alcoholismo, violencia doméstica, crisis económica, inmadurez, infidelidad u otros, o el niño nació en un momento de rompimiento afectivo, o fue un último embarazo donde los padres deseaban una niña y nació un varón —o viceversa— y los padres se quedaron con las ganas de tener el niño deseado con tanto fervor.

Se debe ser cuidadoso, y sin importar bajo qué condiciones nacieron los hijos, estos deben recibir el mismo trato unos y otros, ya que los consentidos pueden convertirse en personas manipuladoras y dependientes, y los no consentidos pueden sufrir problemas de autoestima o vacíos afectivos.

Se dan casos de envidia entre hermanos que surge cuando ya están fuera de la casa paterna. Esta puede aparecer motivada a la situación económica que alcancen cada uno de los hermanos o motivada por la armonía y la estabilidad que experimenten estos en sus propios núcleos familiares, ya que no siempre todos logran tener vidas prósperas y felices, y a unos les puede ir muy bien y a otros muy mal.

Manuel y Pedro no solo eran hermanos, eran amigos inseparables y confidentes hasta que Manuel se casó. Lamentablemente, no le fue muy bien en su matrimonio, lo cual afectó su trabajo y comenzó a tener problemas económicos y a enfrentar muchos problemas. Pedro, se casó seis años más tarde. Viendo todas las experiencias de su hermano Manuel, decidió corregir algunas conductas erróneas, lo cual le generó mucho éxito en su trabajo y en paralelo, mantenía una relación de pareja firme y estable. Manuel, siente mucha envidia por su hermano menor, pero en vez de seguir su ejemplo, se mantiene cometiendo los mismos errores.

EQUILIBRIO EN LAS RELACIONES

Una familia debería lograr que todos sus miembros convivan en armonía y que se mantenga el justo equilibrio en las relaciones existentes entre padres e hijos y entre hermanos. Cuando esto no ocurre se establecen relaciones patológicas donde siempre hay una de las partes que resulta perjudicada.

Existen familias donde el padre abusa de su autoridad y obliga a sus hijos a trabajar a muy corta edad, impidiéndoles estudiar o cursar estudios superiores cuando les corresponde. Otros no les permiten salir de casa y los obligan a realizar los quehaceres domésticos, sin permitirles salir a fiestas o tener distracciones. Hay padres que golpean o regañan excesivamente a sus hijos. Por otro lado, si los padres tienen recursos, obligan a sus hijos a realizar infinidad de actividades como estudiar inglés, piano, karate, danza y otro sinfín de actividades —aparte de sus estudios y tareas escolares— que los agotan mentalmente y no les deja tiempo de relajarse, todo ello para llenarse la boca diciendo que tienen hijos "brillantes" y llenos de conocimiento.

Por otro lado, estos abusos de autoridad pueden darse por parte de los hijos hacia sus padres. Se dan casos de hijos que presionan en lo económico. Que los manipulan para conseguir dinero y luego compran tonterías. Tratan a sus madres como si fueran servidumbre y les exigen como si fueran empleadas. Por lo general, esta situación es frecuente en los hogares donde —erróneamente— los hijos han recibido todo tipo de cosas sin colaborar en el hogar o sin tener ningún mérito para ello.

El equilibrio en las relaciones consiste en que nadie abuse del otro, ni los padres abusen de su autoridad, ni los hijos abusen de sus padres.

Algunas recomendaciones

- Es importante que los hijos aprendan desde muy temprano a "ganarse" las cosas que desean, sean permisos, objetos o privilegios. Un buen ejemplo es acostumbrarlos a colaborar con el trabajo de la casa, "si cortas la grama, puedes ir a la fiesta del sábado...", "si apruebas la materia con buenas calificaciones, te regalo los zapatos que deseas..."

- No tenga a sus hijos encerrados. Deles permiso para salir y para compartir con sus amigos.

- Las labores de la casa deben ser realizadas por niños y niñas por igual. De este modo crearán conciencia de colaboración, de igualdad de responsabilidades y no sentirán que sus padres deben hacerlo todo por ellos.

- Darles dinero en cantidades moderadas. Si necesitan más cantidad, deben ganarlo.

- Cuando sea necesario hacer un llamado de atención o castigar a sus hijos, hágalo sin gritos, ni golpes. Hable con sus hijos tranquilamente.

Retire algún permiso por tiempo determinado, como el de salir en las tardes o jugar videojuegos, y una vez cumplido el tiempo, restituya el privilegio. Explique a sus hijos que una mala acción tiene consecuencias negativas y viceversa.

- Es fundamental que usted mantenga una buena comunicación con sus hijos. Gánese su confianza. Piense que los jóvenes no siempre saben a quién consultar cuando se les presentan dudas y problemas. Es importante que cuando su hijo tenga alguna inquietud sepa que puede contar con usted para encontrar consejo y soluciones. Y si usted no encuentra de qué conversar con ellos, pregúnteles qué cosas les gustan o acerca de su música favorita, así mantendrá un canal de comunicación siempre abierto.

Cuando hablamos de equilibrio en las relaciones también hablamos de la pareja y la familia. Siempre se debe mantener el equilibrio para que la unión y la convivencia sean armoniosas. Si usted da lo mejor de sí, seguramente, recibirá lo mejor de su pareja y también de su familia. El respeto, la sinceridad, el cariño, la comprensión se manifestarán siempre si existe equilibrio.

Vacíos afectivos

Existen personas que crecieron en hogares donde estuvo ausente el afecto, o donde solo se manifestaron situaciones de odio, represión, vergüenza, maltratos físicos y verbales, reproches permanentes y, en el mejor de los casos, indiferencia. Otras tuvieron padres que nunca los abrazaron, ni acariciaron, ni les hablaron afectuosamente y que tampoco escucharon sus necesidades o peticiones. Estas son personas con un gran vacío afectivo y que no conocen la ternura ni el calor de hogar.

Como estas personas nunca experimentaron el sentirse apreciados, ni el afecto físico, cuando tienen relaciones románticas son incapaces de expresar sus sentimientos, ni tampoco logran demostrarlos con caricias o abrazos. Haber crecido en un hogar donde los padres no se hablaron cariñosamente, ni se abrazaron, ni se demostraron afecto, los hizo testigo de una relación fría y seguramente con muchos problemas.

Aunque la pareja sea capaz de llenar gran parte del vacío afectivo, estas personas —inconscientemente— son capaces de herir a su pareja ya que guardan dentro de sí un gran resentimiento desde su infancia. Otros se aferran a su pareja, en algunos casos de manera obsesiva, ya que sienten que es la única persona que les ha demostrado afecto en su vida. También hay personas que después de sufrir tanto maltrato y sentirse tan poco apreciados, desarrollan una muy baja autoestima, al punto de sentir desprecio por ellos mismos.

La importancia del ejemplo

Si usted es una persona afectiva, honesta, trabajadora, con buenos sentimientos, optimista y que desea superarse, usted le estará dando el mejor ejemplo de vida a sus hijos. Se dice que los hijos aprenden con el ejemplo y eso es cierto, ya que sus hijos imitarán la conducta que vean en su casa.

Si por el contrario, usted es deshonesto, grosero, vicioso y agresivo, preocúpese, ya que sus hijos seguramente cometerán los mismos errores que usted.

Es importante tener cuidado con lo que hacemos y decimos frente a nuestros hijos. Si queremos que ellos sean personas exitosas y positivas debemos cuidar de darles siempre un buen ejemplo.

A continuación una historia frecuente.

El señor Ricardo para satisfacer su afición a la bebida era capaz de descuidar sus responsabilidades familiares, al punto que su esposa tenía que hacer magia para alimentar a sus hijos. Además, los muchachos siempre estaban mal vestidos porque el dinero no alcanzaba para comprarles ropa y calzado. Cuando este señor se embriagaba decía sentirse "muy hombre" y que estaba "disfrutando" de la vida. Lamentablemente, y a pesar de la triste experiencia de su infancia, los hijos de este señor terminaron igual que su padre: alcoholizados y tratando mal a sus familias.

Recordemos que cuando se tienen hijos es importante:

- Cubrir sus necesidades básicas de alimentación, vivienda, vestido, educación, y otras.
- Sentir que son queridos y valorados por sus padres.
- Crecer en un ambiente armonioso y con buenos ejemplos de vida.
- Ser tratados como seres humanos y no como máquinas o animales.

Capítulo 6
Economía

Rompiendo el molde

Existen familias que se dicen pobres. Hasta pareciera que su pobreza es heredada. A lo largo de generaciones, pareciera que bisabuelos, abuelos, padres e hijos se transmiten ciertos conceptos erróneos como el conformismo, la manipulación y la apatía, hasta que llega alguien que rompe el molde establecido y logra superarse mental y económicamente.

Todo ser humano tiene la capacidad de superarse, de ser independiente económicamente y de elevar su condición social a pesar de haber nacido en un ambiente adverso o miserable.

Se ha observado que hay ciertas situaciones que agravan la condición de pobreza de muchas familias y que traen como consecuencia su nulo crecimiento económico durante años:

1. Querer ser felices fácil y artificialmente.
2. Repetir las mismas conductas de los antepasados.

3. Vivir aparentando aquello que no corresponde con la realidad propia.

Si usted está viviendo en la misma situación económica o en peores condiciones de las que vivió con sus padres, lo más seguro es que esté repitiendo las mismas conductas erróneas.

Veamos otros ejemplos frecuentes:

• Héctor tiene un buen trabajo de chef, sin embargo, cada quincena después de recibir su paga, se reúne con sus amigos y se va de farra a recorrer bares y locales nocturnos gastando todo su dinero en alcohol, vicio y mujeres. Por supuesto, pasa el resto de los días sin un centavo en el bolsillo esperando que llegue la próxima quincena, fecha en la que repite el mismo comportamiento irresponsable y de derroche. Será muy difícil que Héctor se supere si sigue llevando este tren de vida.

• Daniel, para satisfacer su necesidad de parecer próspero como sus hermanos, decidió comprar un automóvil a pesar de que su esposa insistió hasta el cansancio en que no era necesario. Daniel, que no tenía tan buen sueldo, tuvo que hacer grandes esfuerzos hasta que logró conseguir un vehículo usado. Pero aparte de los gastos normales como la documentación, el seguro y algunas reparaciones que necesitó el auto, comenzaron a surgir gastos imprevistos con el vehículo que consumían hasta un 30 por ciento de los ingresos de Daniel. Esta situación trajo como consecuencia atraso en el pago del colegio de los niños, poco dinero para los alimentos, medicinas, etc., y aunque la esposa de Daniel insistía en que debían vender el auto ya que no era necesario, Daniel se negaba porque podía aparentar prosperidad frente a su hermanos y las demás personas.

• Carolina, cuando niña, siempre fue complacida en todo por sus padres, lo cual le creó la mala costumbre de exigir que satisfagan sus caprichos. Hoy, es una joven muy social y activa que desea estar a la última moda. Sus gustos son cada vez más exigentes y caprichosos, por lo que permanentemente está pidiendo a sus padres más y más dinero ya que ella piensa que su apariencia la mantendrá "a la altura". Aunque sus padres le explican que hay cosas más importantes, Carolina está todo el tiempo luciéndose frente a sus amistades a costa del esfuerzo de su familia que a ese ritmo no logrará progresar.

• El querer aparentar que se tienen muchos recursos es la perdición de la familia González. Cada vez que hay una celebración en la familia, como un bautizo, un cumpleaños, etc., esta familia decide botar la casa por la ventana comprando, entre otras cosas, infinidad de bebidas alcohólicas y destinando todos sus recursos económicos para los gastos de la fiesta. Claro está que siempre les sobran las invitaciones para ser parte de otros festejos, pero esta familia vive permanentemente endeudada y con fuertes carencias básicas en el hogar.

• Los Rodríguez eran una familia formada por diez personas: padre, madre y ocho hijos. Para satisfacer las necesidades de todos ellos hubo que hacer grandes sacrificios y vivir un sin fin de limitaciones, al punto de que los niños solo pudieron cursar la educación primaria. Al crecer, el mayor de los hijos se casó y repitió el modelo que experimentó en su hogar. Tuvo también ocho hijos, lo que le trajo innumerables problemas. Como no tenía una buena educación no lograba conseguir un trabajo bien pagado, por lo que sus hijos tampoco tuvieron una buena educación, obligándolos a trabajar desde muy jóvenes para contribuir con los gastos de la casa. Así, cuando estos jóvenes crecieron también repitieron el modelo de la familia numerosa cometiendo el mismo error de sus padres una y otra vez.

¿QUIERE UN BOTÍN O QUIERE SOBRAS?

Hay una conducta muy peculiar que suele observarse en las clases de menores recursos:

Semana 1. La persona compra un adorno para el escritorio de su oficina.

Semana 2. Ve un peluche muy bonito en una tienda y también lo compra.

Semana 3. Compra unas figuritas de arcilla.

Semana 4. Hay un par de zapatos de moda, que no necesita, pero igual los compra.

Semana 5. Para completar una colección de seis vasos plásticos, compra el color que le falta.

Semana 6. Compra una revista de chismes sobre los artistas de televisión.

Semana 7. Adquiere otro vaso plástico con una calcomanía de su equipo deportivo favorito.

Semana 8. Como en casa del vecino hay unos portavasos muy llamativos, los compra aunque no sean necesarios.

Semana 9. Hay unas figuritas de cristal que están en oferta y esa es una buena razón para comprarlas.

Semana 10. Hay otra oferta, esta vez de figuritas imantadas para la nevera, por lo que también las compra.

Semana 11. Vio una franela de muy mala calidad, pero como tiene un letrero muy gracioso, la compró.

Semana 12. Esta vez encontró un llavero que le recordaba su infancia, razón suficiente para hacer otra compra innecesaria.

Semana 13. Decide comprar unas flores artificiales con sus porrones para ponerlas en una esquina vacía de la casa, aunque ya tiene varias de compras anteriores.

Semana 14. Salió con la intención de comprar unos pantalones que le hacen mucha falta, sin embargo, gastó la mitad del dinero comprando un cinturón que lo impresionó por lo grande de su hebilla.

Semana 15. Decidió comprar un perfume costosísimo solo para presumir, en vez de comprar los pantalones que necesitaba.

Semana 16. Esta vez sí está decidido a comprar los pantalones, pero encontró en el camino unas estampas de flores muy bonitas, por lo que no resistió la tentación de comprarlas...

Podríamos seguir enumerando las 52 semanas del año en que esta persona hace compras sin sentido, así que cuando realmente necesita adquirir algo importante esta persona no tiene dinero.

Por el contrario, existen personas que toman el camino diametralmente opuesto. No gastan su dinero en tonterías y ahorran para poder adquirir bienes o beneficios importantes, entre ellos:

- Unas buenas vacaciones
- Una acción en un club privado
- Actualizar el teléfono móvil
- Una tableta
- Un instrumento musical
- Una cámara de video deportiva
- Nuevas herramientas de trabajo
- Una cuenta de ahorros para imprevistos
- Un nuevo computador

Le sugerimos hacer una cuenta de lo que usted gasta semanalmente en tonterías. Multiplique el resultado por 52 semanas que tiene el año y observe cuánto dinero da esta sumatoria. Seguramente es más de lo que espera. Y ahora, pregúntese cuántas cosas de la lista anterior podría obtener si usted ahorra esa cantidad de dinero. Es sorprendente, ¿cierto?

SOLVENCIA ECONÓMICA

Poder adquirir cualquier cosa que se desee, en cualquier momento y circunstancia, es algo muy agradable, sobre todo porque este comportamiento es una demostración de solvencia que —consciente o inconscientemente— permite presumir ante los demás, aparte de reafirmar para sí mismo la suficiencia económica.

En muchos casos, poder adquirir aquello que los demás no pueden tener ni comprar es motivo de satisfacción para ciertas personas. Este sentimiento lleva a que estas últimas compren y compren objetos costosos y muchas veces totalmente innecesarios, solo para sentirse poderosos ante sí mismos y ante los demás.

Esta última es una conducta recurrente de muchas personas con dinero, sobre todo entre su mismo grupo social. Se establece de esta forma una competencia para ver quién posee más bienes, lujos y comodidades. Esta competencia económica suele heredarse de padres a hijos y a nietos con la única intención de seguir aumentando la riqueza familiar.

Capítulo 7
Salvando obstáculos

Auto reconocimiento

Lo primero que debe hacer una persona que quiere transformar su personalidad es reconocer sus conductas erróneas. No es necesario que hable con nadie. Reflexione a solas, busque en su interior y analice aquellas actitudes que ya sabe que están equivocadas. A partir de estas reflexiones usted puede comenzar a manifestar un cambio.

Como dijimos al principio de este libro, nadie es 100% negativo, ni 100% positivo. Lo más importante es mantenerse lo más positivo posible la mayor parte del tiempo. No olvide que todos los individuos tienen sobradas posibilidades y cualidades para destacar positivamente, así como defectos que deben mantenerse bajo control.

Discreción

Esta es una cualidad fundamental. No es conveniente estar divulgando nuestros planes de vida a diestra y siniestra, ya que sobrará quien nos manipule negativamente y trate de poner obstáculos en nuestro camino. Recuerde que hay muchas personas envidiosas, que pueden estar entre la propia familia y amigos, que harán un bombardeo de comentarios negativos y de mediocridad. Tendrá que aprender a diferenciar una manipulación de un buen consejo, ya que hay personas que parecieran tener buenas intenciones aconsejando a los demás cuando en realidad están manipulándolas para frustrar sus planes. Cuidado con las falsas amistades y no hable de sus planes con cualquiera. Sea discreto.

Buenos y malos amigos

Todas las personas que nos rodean tienen un importante grado de influencia sobre nuestras decisiones y acciones, esto incluye a nuestros familiares y amigos. Si las personas que nos rodean son positivas estas nos darán:

1. Baños de optimismo
2. Kilos de alegría
3. Mucha información valiosa
4. Montones de entusiasmo
5. Nos empujarán a cumplir nuestros objetivos
6. Ánimo para superarse

7. Nos guiarán hacia el éxito
8. Serán ejemplo de firmeza
9. Reforzarán nuestra energía mental
10. Nos motivarán a seguir adelante
11. Reforzarán nuestra autoimagen positiva
12. Toneladas de buena vibra

Pero en cambio, si las personas que nos rodean son negativas:

1. Nos contagiarán con su inmenso pesimismo
2. Nos desanimarán y transmitirán su flojera
3. Nos salpicarán de odio y resentimiento
4. Querrán darnos una lección charlas sin contenido
5. Nos dictarán su instructivo de proyectos fracasados
6. Nos bañarán con su envidia y mal humor
7. Nos harán sentir que no valemos nada
8. Tratarán de distraernos y hacernos perder tiempo
9. Nos pondrán obstáculos para vernos caer
10. Nos manipularán y nos darán consejos ¿sinceros?
11. Nos llenarán de dudas e inseguridad
12. Nos criticarán destructivamente

Es fácil saber cuánto ha avanzado una persona en su desarrollo mental y espiritual por las amistades que frecuenta. Es mejor ser cuidadoso con aquellas personas que son envidiosas y que consciente o inconscientemente siempre están obstruyendo el desarrollo de los demás.

LAS CRÍTICAS

Siempre existirán personas que hacen comentarios de nuestra apariencia, de nuestra manera de comportarnos o de las actividades que realizamos, y a veces nos preocupamos demasiado por ello. En oportunidades, estos comentarios pueden afectar a quienes los reciben al punto de hacerlos dudar de sus planes y decisiones. No todos soportan el baño de agua fría y terminan abandonando el esfuerzo realizado para alcanzar aquello que tanto desean.

Ante esta situación solo hay dos caminos a seguir: o toma la crítica como cierta y abandona todo lo que tiene en mente, o toma lo necesario y se esfuerza por transformarse en una persona positiva.

Si escoge la segunda opción, seguramente tendrá que enfrentar peores comentarios, burlas y rechazos. Ignórelos. Usted tomó la decisión de transformar su vida al reconocer que debe cambiar algunos aspectos que son negativos. Uno de ellos es que debe comenzar a reunirse con personas positivas. ¿Qué importa si pierde algunas amistades que lo que quieren es manipularlo para que nunca progrese?

Las personas positivas serán una motivación para superarse y salir adelante, de una forma u otra estas personas lo impulsarán a lograr el éxito. De ellos aprenderá y logrará nuevas visiones de la vida.

Usted debe ser objetivo para reconocer los comentarios mal intencionados que lo que buscan es hacerlo desistir de sus metas. Si usted está seguro de sus decisiones, no deje que lo desanimen, defienda su punto de vista y sea amable. Pelear lo pondrá al nivel de quien quiere desanimarlo.

Miedo al rechazo

No es fácil aceptar el rechazo; esto lleva a muchas personas a hacer lo imposible por "pertenecer", es decir, por no ser diferente a las personas que forman su grupo social o generacional. Para ser aceptadas hay quienes abandonan sus sueños, valores y personalidad. Por lo general, estos individuos no soportan estar solos y solo sienten seguridad cuando están en compañía de familiares y amigos. Suelen pensar que si son diferentes a los demás, no les darán apoyo en caso necesario, que no tendrán amigos, que no recibirán invitaciones y que serán excluidos del grupo. También creen que como serán considerados un ser "extraño" perderán popularidad y oportunidades, no encontrarán pareja, serán víctima de burlas y no harán amistades. Por lo general, esta suele ser una persona fácilmente manipulable por los demás, ya que el temor que le genera ser diferente y ser rechazada, la lleva a imitar a esas personas que parecen ser aceptadas por todos. No contradice a sus amistades y se esfuerza por agradarlas para mantenerlas cerca, particularmente a aquellas del sexo opuesto. Sin embargo, al final, siente tanta inseguridad que abandona sus verdaderos objetivos de vida.

NEGATIVIDAD ACUMULADA

Acumular sentimientos negativos como la rabia, el rencor, la envidia o el resentimiento es muy dañino para su salud desde el punto de vista físico y mental.

A continuación, algunas sugerencias para evitarlo:

1. Una actividad muy liberadora es practicar un deporte como el boxeo o el karate. Dar golpes a un costal ayuda para dejar salir la agresividad acumulada en nuestro interior.
2. Camine al aire libre y respire. Si es en un lugar lleno de árboles recibirá mayor cantidad de oxígeno.
3. Se ha comprobado que consumir carnes rojas en exceso puede aumentar la agresividad. Modere su consumo.
4. Tomar duchas de agua fría, aparte de activar su sistema inmunológico, lo ayudará a relajarse.
5. Duerma 8 horas, como mínimo, cada noche.
6. Si toma medicamentos, consulte con su médico, ya que algunas medicinas provocan irritabilidad.
7. Tenga el mayor contacto posible con la naturaleza, por ejemplo, las caminatas a la orilla del mar son muy relajantes.
8. Trate de evitar los apuros. Planifique bien sus actividades.
9. Cuando vaya al cine, al teatro o a ver un espectáculo, trate de asistir a aquellos que lo hagan reír. Se sabe que la risa es un remedio infalible.
10. Trate de no conducir si está de mal humor. Seguramente va a terminar de peor ánimo.

11. Practique la relajación. Establezca de 10 a 15 minutos cada día para ello. Pruebe a sentarse de la manera más cómoda para usted. Afloje sus músculos. Evite cualquier tensión en su postura. Coloque una música muy suave de fondo y cierre sus ojos. Imagine que se encuentra en un bosque frondoso, con gran abundancia de verdes, dónde puede escuchar el canto de las aves, y observar hermosas flores de brillantes colores y suaves aromas. Imagine que camina rodeando el bosque y que puede sentir el aire fresco que acaricia su rostro. Cuando llegue al lugar de donde partió abra los ojos. Comprobará qué bien se siente después de este ejercicio.
12. Cuando se encuentre con alguien que no comparta su punto de vista, evite las discusiones. Estas, lejos de traer algo bueno, lo que traen son disgustos y enemistades. Recuerde que no todas las personas piensan del mismo modo.
13. Es común que las personas se dejen llevar por su estado de ánimo o sentimientos al momento de hablar o de tomar decisiones, es decir, actúan desde la subjetividad, lo cual puede acarrearle problemas. Trate de ser lo más ob-

jetivo posible y piense siempre antes de hablar o actuar.

14. Cuando hable hágalo serenamente, aunque su contraparte esté alterada. No caiga en la negatividad.

PENSAMIENTOS CHATARRA

La chatarra es un material de desecho y debemos cuidar de no llenar nuestra mente de ellos. Los pensamientos chatarra son todas aquellas cosas inútiles que ocupan nuestro pensamiento y que no nos aportan nada provechoso en nuestra vida. ¿Cómo ocurre esto?

Al leer literatura de mala calidad. Malos escritos, narraciones poco constructivas e historietas vulgares.

Conversaciones poco constructivas. Quejas permanentes, crítica destructiva, chismografía del vecindario, comentarios malintencionados.

Ver programas televisivos sin contenido, donde no se estimula el pensamiento crítico, sino que se fomenta la vulgaridad, el irrespeto y la tontería.

Pensar repetidamente que solo se aprende en la escuela y cuando se es joven, que emprender nuevos proyectos es complicarse la vida, que si algo no es divertido es porque no es bueno y olvidar que la vida es un proceso de constante aprendizaje.

¿Está llena su mente de pensamientos chatarra? Seleccione.	
□ Información inútil □ Chismes de trabajo □ Improperios □ Sugerencias negativas □ Chismes de sus vecinos □ Conceptos equivocados □ Piropos vulgares □ Pensamientos morbosos □ Literatura barata □ Caprichos infantiles □ Deseos de "matar" el tiempo □ Aparenta lo que no es □ Pura inteligencia teórica □ Pesimismo □ Agresividad	□ Bromas pesadas □ Chistes obscenos □ Memoriza canciones con letras denigrantes □ Envidia a otras personas □ Frustraciones □ Resentimientos □ Imita ídolos vulgares de televisión □ Actitudes machistas o hembristas □ Deseos de venganza □ Apodos denigrantes para todos □ Críticas negativas □ Deseo de ganar discusiones, aun sin razón □ Flojera □ Inseguridad □ Poca autoestima

CONSECUENCIAS DE LLENAR SU MENTE DE PENSAMIENTOS CHATARRA

- No se concentrará en cosas verdaderamente útiles y perderá mucho tiempo y oportunidades.
- Tendrá un desarrollo mental deficiente.
- No tendrá temas de conversación. Será una persona aburrida y con muy poco que aportar a los demás.
- Difícilmente podrá dar un buen consejo o ayudar a quien lo necesite.
- Como no almacena información relevante dentro de sí, tendrá que depender de las opiniones de otros para tomar decisiones.
- Cometerá los mismos errores una y otra vez por su poca capacidad de pensamiento.
- Será un mal ejemplo para sus hijos.

Los pensamientos inútiles son una pérdida de tiempo, no le permitirán crecer, ni aportar nada positivo a la sociedad.

Beneficios del pensamiento útil

Cuando usted ocupa su mente con pensamientos e información útiles:

- Usted resultará una persona muy agradable con quien conversar, ya que siempre tendrá algo interesante que decir.

- Tendrá conocimientos útiles que le permitirán resolver problemas y ayudar a otros.
- Podrá dar consejos realmente positivos y relevantes.
- Se convertirá en una persona productiva.
- Hará mejor uso de su tiempo.
- Será un ejemplo a seguir para sus hijos y para los demás.

Distracciones

En la actualidad es muy fácil perder el tiempo en distracciones, ya que existen infinidad de actividades y situaciones que atraparán nuestra atención, por lo que es muy importante no perder de vista nuestras prioridades. Tal vez nos veremos obligados a rechazar algunas invitaciones, pero si esto no es posible, trate de divertirse de la manera más sana posible, sin abusar del alcohol, de las comidas o de las drogas.

En estas situaciones recuerde no quedar atrapado en situaciones negativas. Por ejemplo:

- Lo invitan a dar vueltas en un vehículo para recorrer la ciudad.

- Prefiera caminar, es una manera de hacer ejercicios y es más agradable que estar encerrado dentro de una máquina.
- Comienzan a contarle chismes o críticas.
- Desvíe la conversación hacia temas de interés: las noticias, descubrimientos científicos, el cambio climático. No se enganche en habladurías.
- Lectura de fotonovelas o chismes de farándula.
- Invierta el mismo tiempo en leer literatura seria o en temas educativos.
- Peleas con otras personas.
- Pelear no le deja nada bueno, es mejor golpear un saco de boxeo.
- Largas llamadas telefónicas.
- Es más agradable visitar a sus amigos.
- Pararse en la calle, en cualquier esquina, a consumir alcohol u hostigar a las mujeres.
- Cultive amistades del sexo femenino, invítelas a tomar un café en un lugar agradable.
- Ir de compras solo por gastar dinero.
- Ahorre. Compare precios. No despilfarre el fruto de su trabajo. Trate de adquirir cosas de valor que sean duraderas en el tiempo o artículos útiles que puedan ser necesarios para hacer su vida más fácil.

Las consecuencias

Todo, absolutamente todo lo que hacemos, decimos y pensamos, bueno o malo, tiene consecuencias. Es una ley de vida que aplica para todos por igual. Si usted actúa bien con los demás, usted recibirá de vuelta buenas acciones a su favor, pero si usted engaña, hace trampa, manipula a otros, más temprano que tarde, usted será víctima de las mismas trampas, manipulaciones y engaños.

- Una persona mentirosa e infiel con su pareja no puede esperar sinceridad y amor de la otra persona. No lo merece.
- Si usted va por la vida maldiciendo a otras personas y deseándoles el mal, este regresará a usted multiplicado.
- Si usted engaña o roba a otra persona, no se sorprenda cuando sea víctima de un asalto.
- Si usted es estudiante, no piense que será un profesional exitoso si no estudia y no se esfuerza por obtener buenas notas y hacer buenos trabajos.
- Si usted se empeña en tener comportamientos negativos, puede tener la seguridad que difícilmente logrará sentir felicidad con sus acciones.

El pensamiento y las acciones positivas actúan como un imán que atraerán más energía positiva hacia usted. Recuerde que si usted actúa resaltando sus cualidades y conocimientos, el éxito llegará antes de lo que imagina.

No caiga en la trampa de pensar cosas como estas:

- Mi vecino es un tremendo delincuente y allí está como si nada. Nadie lo castiga.
- Yo conozco personas que son muy negativas y viven mucho mejor que yo.
- Fulanita les paga muy poco a su empleados, los trata malísimo y, a pesar de eso, todos la adoran.
- Conozco a un hombre que es un déspota con los demás, se aprovecha de las personas y todos lo respetan.
- El hombre de al lado es un mujeriego y llega borracho todas las noches, sin embargo, su esposa le es fiel y la relación marcha de maravilla.
- Mi primo nunca estudia y se copia en todos los exámenes. Nunca lo han descubierto y tiene muy buenas calificaciones.
- El novio de mi vecina no estudia, no trabaja y es un holgazán. A pesar de ello sus padres le

dan dinero, lo mantienen y le toleran sus caprichos.

Mi hermana no hace más que manipular a su esposo y a mis padres. Con el dinero que le da el marido solo compra ropa de última moda, luego le dice a mis padres que el dinero no le alcanza para sostener su hogar. Nadie parece darse cuenta de sus caprichos.

Insistimos, no caiga en la trampa. No quiera imitar a estas personas ya que tarde o temprano sufrirán las consecuencias de sus acciones equivocadas. Demuestre que usted puede lograr todo aquello que se proponga con una actitud adecuada y positiva.

Con nuestras buenas acciones y pensamientos nos conectamos con la energía positiva de la vida y nos hacemos merecedores de las cosas buenas que esta nos ofrece. Nuestras buenas acciones atraerán todas las condiciones necesarias para lograr aquello que nos propongamos.

EL FACILISMO

Un gran grupo de personas en su afán de no complicarse la vida pasan una gran parte de su existencia buscando fórmulas mágicas para lograr el éxito. Suelen expresar que ellos no harán ningún esfuerzo para alcanzar sus metas, que si les toca, les toca. Por otro lado, existen muchos mensajes mediáticos que hacen creer a los ingenuos que el éxito es muy fácil de alcanzar a través de actitudes que rayan en lo mágico.

Cuando las personas ponen estos malos consejos en práctica, por supuesto que no logran lo que desean y se desesperan al no alcanzar sus objetivos de manera instantánea. Sin embargo, no cambian de actitud y siguen creyendo que el éxito se alcanza fácilmente.

Una persona que desee lograr sus objetivos debe estar dispuesta a trabajar por ellos y a realizar todos los esfuerzos necesarios por alcanzar sus metas. ¿O es que piensa perder su vida buscando una receta que no existe? No caiga en el juego de hacer trampas y cometer ilegalidades para alcanzar sus objetivos más fácilmente. El éxito instantáneo no existe.

Capítulo 8
Un futuro positivo

El futuro es una construcción que comienza en el presente y aunque muchos piensen lo contrario no es tan incierto e impredecible. Todos tenemos la capacidad de sentar las bases de nuestro futuro si actuamos con lógica y aprendemos a manejar los imprevistos.

La lógica

Está directamente relacionada con aquello que usted está poniendo en práctica en los actuales momentos. Igualmente, dependerá de cuales expectativas tenga usted en cada aspecto de su vida: laboral, económico, social, emocional, físico, etc.

Veamos algunos ejemplos:

- Jóvenes que pierden su tiempo aparentando cosas, distraídos con la moda y temas sin sentido. No estudian, ni quieren desarrollar ninguna habilidad. No logran buenos trabajos y tampoco devengan buenos salarios, se conforman con su actual situación y no piensan en su futuro. *¿Qué pronostica usted para estos muchachos?*

- Un hombre que a los 30 años fuma en exceso, se embriaga constantemente y su autoestima es prácticamente inexistente. *¿Usted cree que este hombre tendrá una larga expectativa de vida? ¿Alcanzará su vejez?*
- Una joven con fecha de matrimonio, no tiene ni idea de cómo será la convivencia en pareja. No se ha interesado en preguntarle a sus amigas ni a su madre cómo es la experiencia. Ella solo piensa en la fiesta de casamiento y que la relación continuará igual que el noviazgo. Cuando está con su pareja solo hablan de lo bien que la van a pasar estando juntos y de lo mucho que se van a divertir. La joven está acostumbrada a ir de fiesta en fiesta, a coquetear y a manipular a los demás para lograr lo que quiere. No sabe realizar los quehaceres domésticos y tiene ideas muy equivocadas de lo que significa vivir en pareja. *¿Piensa usted que este matrimonio dará buenos resultados?*
- Un hombre, cerca de los 40 años, sueña con encontrar una mujer hermosa e inteligente para formar su familia. Sin embargo, el hombre en cuestión es vulgar cuando habla, no lee, su con-

versación es pobre, no se interesa en mejorar su personalidad y tiene pésimos modales. Por otra parte, tiene un empleo más bien regular y no se preocupa por mejorar sus condiciones laborales. Para colmo es un hombre machista. *¿Cree usted que este hombre hará realidad su sueño?*

- Una mujer hacia sus 30 años, comenzó a engordar. Se descuidó hasta alcanzar un sobrepeso de más de 60 kilos. Aunque dice que está haciendo dieta, su esfuerzo no es suficiente y ya ha comenzado a tener problemas de salud por esta razón. Aparte de un sinfín de enfermedades *¿qué cree usted que puede esperar esta señora a futuro?*
- Otra mujer que nunca estudió, ni aprendió a leer, acaba de quedar viuda y quiere conseguir un buen trabajo. Muy cerca de su casa hay un centro de enseñanza para adultos, pero ella no está interesada en ir a clases, ni aprender nada nuevo. Con esas características, *¿conseguirá esta mujer un trabajo agradable?*
- Un joven de 25 años quiere ser un hombre rico e importante. Sin embargo, no quiere trabajar ocho horas diarias, cambia de trabajo igual que cambia de ropa y cuando alcanza tres meses en un empleo comienza a faltar sin justificación.

No se preocupa por aprender cosas nuevas, ni capacitarse laboralmente. Se siente muy inteligente y piensa que no necesita saber nada más. Cree que encontrará la fórmula mágica que lo llevará a la gerencia de una empresa sin hacer mayores esfuerzos. *¿Usted cree que lo logrará?*

Cuidar su salud física, mental y emocional; evitar el cigarrillo y los excesos de alcohol; realizar ejercicios, alimentarse bien; todo esto contribuirá con aumentar sus expectativas de vida. Si aparte de ello usted se preocupa por mejorar su actitud en el trabajo, por lograr ascensos, es perseverante y modera sus egresos económicos, el dinero ahorrado le permitirá tomar decisiones que aumenten sus posibilidades de progreso. Por otro lado, si adicionalmente usted se preocupa por estudiar y aprender, leer temas de actualidad, tiene firmes propósitos y sabe hacia donde dirige sus esfuerzos —siempre con una mente positiva—, usted seguramente alcanzará el éxito que desea.

Los imprevistos

Estos son aquellos sucesos que no podemos controlar. Los impredecibles, desconocidos e inciertos. Ni con una bola de cristal podrían adivinarse.

Muchas personas hablan de la suerte, sin embargo, las casualidades, las sorpresas, los accidentes, las excepciones, todas existen para bien y para mal. Es importante tener presente que somos nosotros mismos quienes construimos el camino hacia nuestro futuro.

Si creemos que el futuro es totalmente desconocido estamos equivocados, ya que una gran parte de ese futuro es el resultado lógico de todo aquello que estamos haciendo hoy.

PONERSE AL DÍA

Todo cambia y es importante mantenerse al día para entender a las nuevas generaciones. Todas las épocas han traído nuevos descubrimientos, nuevos puntos de vista y cambios, muchos cambios. Si usted se enfrasca en su manera de pensar y de hacer las cosas solo como las aprendió, sufrirá un gran estancamiento en su vida. Recuerde que la vida es un aprendizaje que nunca termina. Siempre habrá algo nuevo que aprender. Quien no hace el esfuerzo por actualizarse cada día se quedará atrás con los cambios que ocurren a su alrededor.

Estar al día también es importante para llevar un seguimiento de todo lo que ocurre a su alrededor, comprender a sus hijos y nietos, y no sentirse excluido de la vida moderna. Las siguientes actividades lo ayudarán a mantenerse actualizado:

- Escuchar las noticias.
- Leer periódicos y revistas.
- Mantener un canal abierto de comunicación con los jóvenes que forman parte de su familia.
- Observar y escuchar a los jóvenes que circulan en la calle.
- Leer libros recientes, con temas actualizados sobre las relaciones humanas, las motivaciones y la superación personal y profesional.
- Trate de hacer amistad con algunos jóvenes de su vecindario. Sea paciente y aunque no esté de acuerdo con su conducta o con lo que dicen, escuche sus motivaciones. Se sorprenderá de la madurez de muchos de ellos.
- Póngase en los zapatos de una persona con 20 o 30 años menos. Piense en qué haría usted si tuviera su edad.

Para mejorar la sociedad, cada grupo generacional debe superar al anterior. Es la ley de la vida.

EXPERIENCIAS AJENAS

Cuando escuchamos a alguien decir "¿Por qué me pasa esto a mí?", podemos tener la seguridad de que no está solo con su problema. Lo más frecuente es que no pongamos atención a lo que ocurre a nuestro alrededor porque, o no nos interesa, o no nos afecta directamente, y de este modo perdemos la gran oportunidad de aprender de la experiencia de otras personas, la cual nos puede ayudar a aconsejar a alguien o a nosotros mismos.

Si somos capaces de aprender de las experiencias ajenas:

1. Tendremos referencias y posibles soluciones en una situación parecida.

2. Reconoceremos los errores cometidos por el otro para no repetirlos.

3. Tendremos más calma ante el problema porque ya conocemos alguna posible solución.

4. Podremos encontrar soluciones mas rápida y acertadamente.

5. Ya conocemos las consecuencias de una u otra decisión.

6. La experiencia será menos desagradable que si no tuviéramos idea de lo que ocurre.

7. Podremos ayudar a otras personas que pasen por situaciones similares.

8. Aprenderemos las estrategias positivas que

otros ponen en práctica para solucionar sus problemas.

Cuando usted desaprovecha la oportunidad de aprender de las experiencias ajenas:

1. Perderá mucho tiempo buscando soluciones a un problema que otros han tenido antes que usted.
2. Es muy posible que cometa los mismos errores de otras personas o que se equivoque al momento de tomar una decisión.
3. Usted no sabe qué consecuencias tendrá la decisión que tome.
4. Seguramente se verá en la necesidad de solicitar ayuda y pedir consejo a otras personas. Para ello tendrá que exponer su problema a terceras personas, lo cual puede ser muy incómodo si se trata de algún problema íntimo o familiar.

¿Cómo puede usted aprender y sacar provecho de las experiencias ajenas?

1. Lo primero es saber cuál es el problema que está atravesando la otra persona. Es muy importante que usted guarde la discreción del caso.
2. Si es posible, entérese de las razones y consecuencias del problema, y qué soluciones se adoptaron para solucionarlo.

3. Observé que resultados se lograron con las soluciones adoptadas.

4. Piense si usted tomaría las mismas decisiones en circunstancias similares.

5. Trate de recordar las conclusiones de ese problema en particular.

6. Tenga en cuenta que la persona menos esperada puede enseñarnos algo: los hijos, padres, hermanos, amigos. Una embarazada puede enseñarle trucos a otra, un hombre casado a otro que recién contrae nupcias, un hombre mayor a uno joven, un profesional a un aprendiz. Todos tenemos algo valioso que enseñar a los demás.

7. Preste atención a cómo se expresan las demás personas, cómo hablan, cómo piensan, sus temas de conversación, sus modales. Sea observador.

8. Igualmente, si está en la calle, en una reunión, en un centro deportivo o si está en un local nocturno o presenciando una discusión, observe cómo se comporta la gente en estos lugares.

Piense que si somos capaces de buscar información en internet, igual podemos obtenerla de las situaciones que nos rodean día a día, y si observamos a personas positivas es mucho lo que podemos aprender de ellas.

VALORES Y PRINCIPIOS

Por regla general, las personas positivas poseen algo que las caracteriza, una base muy sólida de valores y principios. Todas creen en:

- Dar lo mejor de sí mismas en cualquier circunstancia.
- Lograr satisfacciones por esfuerzo propio.
- Nunca terminan de aprender.
- Aprenden de las experiencias ajenas.
- No le dan valor exagerado a las cosas materiales.
- Tratan de mantener una conducta positiva ante situaciones adversas.
- Defienden la verdad ante todo. Odian las mentiras y la hipocresía.
- No permiten que se les suban los humos a la cabeza.
- Se divierten sanamente.

Si usted no comparte los principios anteriores, le sugerimos hacer una revisión de sus valores.

SEA USTED EL PROTAGONISTA

Sabemos que no es sencillo cambiar nuestra manera de actuar y pensar después que hemos pasado la mayor parte de nuestra vida viendo cómo los demás logran sus metas, sintiendo envidia de esas personas y esperando encontrar una fórmula mágica para lograr el éxito.

Y ahora ¿qué está esperando? Ya sabe que si hace el esfuerzo y se convierte en una persona positiva estará más cerca de alcanzar sus sueños uno a uno. Deje de ser un simple observador y conviértase en el constructor de su futuro. Actúe. Haga su lista de objetivos y comience a hacer lo necesario para alcanzarlos. No olvide que nuestro futuro estará determinado por aquello que hagamos ahora. Y por favor, no improvise. Estudie, lea, infórmese, analice, el conocimiento está allí para ser adquirido y aplicado.

El azar

Infinidad de personas van por la vida improvisando soluciones y métodos para lograr lo que desean. Piensan en la buena suerte, cruzan los dedos y siempre esperan que mágicamente las cosas salgan bien. Estas personas, las cuales detestan complicarse la vida, se la pasan intentando soluciones al azar, una y otra vez, para prosperar y alcanzar el éxito. Y ya sabemos que para ellas cualquier esfuerzo, por mínimo que sea, es complicarse la vida.

Es frecuente escucharlas decir cosas como: "Voy a intentarlo de este modo a ver qué sale..., Probaré de nuevo, ojalá tenga suerte esta vez..., Lo lograré si la fortuna me sonríe...". Así pierden un tiempo infinito y como no planean estrategias, ni quieren aprender nuevas opciones, sus resultados suelen ser muy poco favorables. Entonces las escuchamos lamentarse: "Nada salió como esperaba..., No tengo nada de suerte..., Nunca imagine que algo así podría pasar...". Las consecuencias son que terminan sintiéndose frustrados e incapaces si no reconocen que tienen un problema de actitud.

Nuestra recomendación para usted, que está en el camino de transformarse en una persona positiva, es que no caiga en la trampa del azar y la improvisación. Ya sabe que si se prepara lo mejor posible estará más cerca de lograr el éxito en aquello que se proponga.

Nunca olvide que las personas constantes, que son pacientes y que se preparan con antelación para llevar a cabo sus planes, seguramente obtendrán los resultados que desean.

MANTÉNGASE ALEJADO DE COMENTARIOS DESMORALIZADORES Y EQUIVOCADOS COMO ESTOS

- Si quieres alcanzar la felicidad, lo más importante es el dinero. Y tienes que ser muy hábil para conseguirlo.
- No seas tonta, te esfuerzas demasiado. Mírame, con mis piernas cruzadas y mi hermosa cabellera consigo todo lo que quiero. Usa tus atributos...
- Ya sabes que el que nace pobre, se muere pobre. Resígnate, hay cosas que no son para nosotros.
- Olvídate de eso, no seas tonto. Haz como yo y disfruta de la vida.
- Para ser alguien importante hay que tener dinero e influencias.
- Mira la casa que compré y mi tremendo carro ¿no crees que valen la pena?
- ¿Que estás estudiando? ¿y para qué?... Ven, te invito a beber unos tragos...
- ¡Claaaaro! tú ahora eres una persona... ¿me dijiste "positiva"? (risas)
- ¿Te volviste loco? No voy a perder mi tiempo leyendo nada. ¡Qué fastidio!
- ¡Ay, chica! ¿Por qué no sacas provecho de lo que tienes? Conquista a un hombre con dinero y ya. Vive como una reina.
- No te compliques la vida. Loro viejo no aprende

a hablar. Tu eres así y no creo que cambies.
- Nadie te va a agradecer tanto esfuerzo. No hagas nada de eso.
- Ahora cuéntame una historia de vaqueros.
- Eso suena muy difícil. A mí me gustan las cosas fáciles y sin complicaciones.
- Es demasiado esfuerzo. Es mejor aceptarse tal cual somos y ya.
- Deberías exigirle a tus padres que te acepten tal y como eres. ¿Por qué tendrías que cambiar tu personalidad? Manipularlos de vez en cuando no es tan grave.
- —Me estoy preparando para darles el mejor ejemplo a mis hijos —dice Carlos.
- —Pues no te esfuerces tanto, que luego ellos crecen y se van. —le contesta un amigo en tono de burla.
- —Estoy tratando de aprender a cocinar mejor para complacer a mi esposo —dice una joven.
- —¿Y para qué? si los hombres son todos unos bichos que no merecen nada de nosotras —le contesta su vecina.
- Nada molesta más a un ser negativo que alguien que está luchando por superarse.

Este tipo de comentarios, y otros peores, surgirán de quienes menos espere cuando usted esté haciendo el esfuerzo de cambiar. Recuerde que:

- A una mujer descuidada y mal arreglada se le alborota la envidia cuando ve pasar a una chica hermosa.
- A un ser que le encanta alegrarse artificialmente, piensa que es un fastidio estar con personas que alcanzan el buen humor sin necesidad de ingerir alcohol ni ninguna otra cosa.
- A las personas vulgares les molesta tener familiares o amigos cultos, ya que se hace evidente su vulgaridad.
- Si una persona es pesimista, se sentirá muy amargado teniendo a un optimista cerca.
- Cuando una pareja tiene problemas conyugales se frustra al ver que sus amigos tienen exitosas relaciones de pareja.
- En el caso de dos hermanos, si hay uno indiferente y apático se molestará ante el dinamismo y la energía del otro.
- Cuando un padre está esperando sentir satisfacciones por el éxito de sus hijos, se sentirá frustrado al ver que su vecino logra éxitos propios y no toma para sí los logros que no le corresponden.

- Una señora piensa que su vecina es insoportable porque no se deja manipular con los consejos negativos que ella le da.

SUS METAS

Tener metas y objetivos es una de las mejores motivaciones para impulsarnos hacia adelante en la vida. Pregúntese si usted desea lograr cosas importantes o si simplemente va por la vida sin motivo alguno. ¿Está usted haciendo lo necesario para crecer y progresar? o ¿está esperando que un rayo de suerte le caiga del cielo?

Tener metas y sueños nos impulsan a seguir adelante hasta el último día de nuestra vida, no importa si los objetivos a lograr son pequeños o grandes. Además, no se vería bien pasar al otro plano dejando las cosas pendientes, o peor, sin haber realizado el esfuerzo necesario para lograrlas.

Muchas personas alcanzan su madurez sin haber encontrado algún sentido a su vida. Eso ocurre porque no tienen metas ni objetivos que alcanzar. Las razones para ello pueden estar entre las siguientes:

- No quieren hacer ningún esfuerzo. Son el tipo de personas que no quieren complicarse la vida, así que no emprenden actividades nuevas. Por otra parte, cualquier dificultad los desanima y dejan sus sueños a un lado.

- Van por la vida porque están vivos. A veces, encuentran satisfacción en los éxitos de los demás y los toman como éxitos propios.
- Poseen muy poca autoestima. Creen que no tienen capacidad para emprender nada y les cuesta mucho plantearse objetivos de logro.
- Se encuentran deprimidos, razón por la que no le ven sentido alguno a su existencia.
- Sufren un derrumbe de sus creencias. Descubren que sus conceptos de vida estaban equivocados y no saben cómo comenzar de nuevo después de haber perdido los mejores años de su vida. Entre estas creencias equivocadas se encuentran: pensar que solo los bienes materiales dan felicidad, que el disfrute está unido a experimentar excesos de todo tipo, que practicar la promiscuidad sexual es divertido, que saber manipular a los demás es signo de inteligencia, que la felicidad de los hijos es llenarlos de regalos materiales, o que el dinero lo es todo...

Todos podemos haber pasado por una situación similar en algún momento, pero lo importante es tener presente que no hay mayor satisfacción —en cualquier etapa de nuestra vida— que alcanzar nuestras metas y objetivos a través de nuestro propio esfuerzo.

Cuando se plantee nuevos objetivos, pruebe a seguir los siguientes pasos:

- Establezca claramente qué objetivos quiere lograr. Reflexione sobre cuáles son sus necesidades o cuál es su verdadero deseo, esto lo ayudará a focalizar su meta.
- Tenga el compromiso —con usted mismo— de hacer lo necesario para alcanzar su meta. No es suficiente con desearlo, prepárese, estudie todo aquello que esté vinculado a su meta, evite la improvisación. Compórtese como un verdadero emprendedor y no deje nada al azar.
- Avance cada día en dirección a su meta. No importa si da pequeños pasos o uno cada día. Todos ellos lo están acercando a aquello que usted quiere lograr.
- La palabra clave es "constancia". Todas las personas se han enfrentado a obstáculos y a dificultades. Todas han cometido errores y han fracasado. No se desanime. Persista hasta lograr lo que desea.

Ponga estos consejos en práctica y verá como comenzará a encontrarle sentido a su vida. No importa si usted es una persona mayor o muy joven, recuerde que plantearse objetivos y metas le darán una buena razón para vivir con entusiasmo.

Buenos pensamientos

¿Qué cosas suelen pasar por su mente? ¿Sus pensamientos son constructivos o destructivos? ¿Suele sentirse bien o piensa que todo a su alrededor es un desastre?

Se sabe que tener pensamientos positivos atraerá cosas positivas a su vida. Si sus pensamientos son constructivos, es decir, de amor, generosidad, comprensión, respeto, optimismo, inteligencia, y otros, usted atraerá a su vida cosas estupendas como buenas amistades, armonía, prosperidad, salud, éxito. Si por el contrario, sus pensamientos están llenos de envidia, egoísmo, rabia, odio, pesimismo, usted atraerá hacia usted manipulación, desgracias, fracasos, enfermedades y malas energías. Del mismo modo, los pensamientos negativos pueden enfermar a una persona, mientras que los positivos la mantendrán sana y feliz.

Todo aquello que nos rodea, en buena medida, se corresponde con el tipo de pensamientos que generamos en nuestra mente cada día. Por ello es importante pensar positivamente.

EL PODER DE NUESTRA MENTE

Toda persona tiene la capacidad de crear la atmósfera necesaria para que todos sus objetivos se cumplan, sean afirmaciones, sugestiones u órdenes mentales.

Nuestro subconsciente se encarga de obedecer aquello que grabamos en él, ya sea por sugestión o por afirmación. Sin embargo, el subconsciente no reconoce entre información negativa o positiva. Él solo reafirma en nosotros aquellas órdenes o información que hemos almacenado en él. Esto es un principio de nuestra mente que ha funcionado de esa manera desde que el hombre existe. No importa si lo creemos o no. Nuestro subconsciente se comporta de ese modo independientemente de lo que pensemos al respecto.

Muchas personas hacen uso de este principio, aunque no entiendan cómo funciona, para lograr sus objetivos y hasta ahora, siempre ha dado buenos resultados. Usted también puede hacerlo.

Puede autosugestionarse con pensamientos positivos sin perder de vista que la efectividad de su afirmación dependerá únicamente de la seguridad y la constancia con que usted la repita. Es mucho más efectivo si usted acompaña su autosugestión con una imagen mental. Por ejemplo:

- Una persona repite constantemente, "Mi memoria es un desastre, no logro acordarme de nada...", su subconsciente posee esta grabación negativa y actúa en consecuencia. El sujeto no logra recordar ni su cumpleaños. Mientras que por el contrario, hay alguien que asegura "Yo tengo una memoria de elefante", pues esta persona está tan segura de su buena memoria que lo recuerda todo.
- Un señor de origen pobre no se cansaba de quejarse de su pobreza y de repetirle a todos quienes lo conocían que él nació pobre y moriría pobre. "¿Cómo voy a salir de esta miseria? —decía— si tengo tan mala suerte". Esta afirmación se cumplió hasta que el señor pasó al otro plano.
- Una joven graduada en la facultad de medicina, soñaba con tener su consulta privada al terminar sus estudios. Desde el comienzo de su

carrera se veía a sí misma sobresaliendo en una especialidad médica y creaba imágenes de lo que sería su consulta, cuidando de ver los detalles, el instrumental y los equipos. Cada noche antes de dormir se decía a sí misma "Terminaré mi carrera y tendré mi consultorio. Voy a ser la mejor en mi especialidad. Yo sé que lo voy a lograr". Hoy en día esta joven es una de las mejores cirujanos plásticos de la región y posee su propia clínica, la cual es considerada entre las mejores equipadas del área.

- Ricardo es un joven muy capaz, lamentablemente en todos sus trabajos se ha topado con superiores déspotas y maltratadores. Esta experiencia, que se ha repetido en varias oportunidades, lo ha hecho creer que todos los jefes son seres abusivos. Cuando Ricardo habla con otras personas acerca de esta situación no deja de afirmar "Todos los jefes son unos groseros, maltratadores, a los que les gusta humillar y ofender a sus trabajadores. Ninguno es capaz de reconocer el trabajo que hacen sus empleados". En su mente, Ricardo solo guarda imágenes de insultos, problemas y regaños y almacena en su memoria frases ofensivas que no deja de repetir cuando el tema sale a discusión. Estas experiencias, han llevado a Ricardo a solicitar empleo, justamente, en lugares donde se repite el mismo patrón negativo. Es como si su subconsciente le indicará "Este lugar es perfecto. Aquí encontrarás un jefe con las características que ya conoces y donde siempre te tratarán muy mal".

- Nuri es arquitecto. Ha tenido cuatro novios y todos han sido hombres "del montón". Con todos ellos sufrió decepciones y experiencias ingratas que la han llevado a creer que todos los hombres son iguales. Cuando se reúne con sus amigas y hacen comentarios ella no deja de decir "Es que no se puede creer en los hombres, son todos iguales..., Los hombres solo están interesados en una cosa, para lograrlo te ofrecen el cielo, pero cuando lo consiguen se convierten en unos patanes desgraciados...". El subconsciente de Nuri tiene grabado una imagen de hombre negativo y el resentimiento que siente hacia ellos reafirma esa imagen.

Nuri trató de mantener una nueva relación, pero tuvo iguales resultados. Es casi imposible que ella atraiga hombres diferentes porque lo que está registrado en su subconsciente son tipos "del montón". Además sus frases llenas de rabia y malestar no hacen más que reafirmar esa grabación subconsciente. Lamentablemente, esta joven solo toma como referencia su propia experiencia, y no ha probado a cambiar su manera de ver la situación. Tampoco se ha detenido a pensar si los hombres de otros países, estratos, razas o cualquier detalle que los diferencie, son realmente iguales a los que ella conoce. Este es un ejemplo de una postura muy cerrada y negativa.

- Carlos durante mucho tiempo fue recordado como el bobo del grupo. Siempre tuvo muy baja autoestima, por lo que sus amigos se burlaban de él, le hacían bromas pesadas y era víctima de constante *bulling* dondequiera que fuera. Un día se cansó de esa situación y decidió que tenía que cambiar él para cambiar esa situación. Tuvo que hacer un gran esfuerzo para tomar la decisión, pero estaba cansado de ser el bobo de quien todos se burlaban. Había llegado a un punto en que estaba verdaderamente harto de las bromas y burlas de los demás.

Comenzó comprando libros de mejoramiento personal y poniendo en práctica sus recomendaciones, también decidió asistir a grupos de apoyo personal. Se trazó el objetivo de transformarse en una persona digna de respeto. Se repetía diariamente "Soy una persona valiosa... tengo la voluntad y la constancia para mejorar... Tengo entusiasmo, conocimientos y seguridad propia... Cada día soy más fuerte... Mi personalidad es cada día más positiva y transmite respeto..." Al poco tiempo, Carlos estudiaba y trabajaba con mejor ánimo y menos cansancio. Sus compañeros comenzaron a tratarlo mejor y las mujeres comenzaron a verlo con ojos diferentes. Sus amigas más cercanas le preguntaban "¿Qué te hiciste, Carlos, que estás de lo más guapo? Pareces otro...". En realidad lo era. Carlos había desterrado de su subconsciente todos sus pensamientos negativos y los había sustituido por mensajes positivos de sí mismo y de su entorno. De esa forma logró transformarse en el nuevo Carlos que todos admiraban.

¿Cómo cambiar las grabaciones de su subconsciente?

1.Siempre use frases afirmativas. Evite de su vocabulario las palabras "nunca" y "no".

Incorrecto	Frase correcta
No tengo mala salud	Mi salud es buenísima
Nunca tengo dudas de mí mismo	Siempre me siento seguro de mí mismo
No reprobaré las pruebas que realice	Aprobaré todas las pruebas de trabajo
Nunca me asusto ante lo desconocido	Tengo el valor para afrontar lo desconocido

2. Use afirmaciones concretas. Que sus frases no incluyan dudas.

Incorrecto	Frase correcta
Trataré de esforzarme para lograr mis objetivos	Me esforzaré y lograré lo que me proponga
Espero tener suerte en los exámenes de la universidad	Estudiaré y aprobaré todos los exámenes de la universidad
Tal vez logre mejorar en el área económica	Estoy seguro que mejoraré mi condición económica
Intentaré ser constante con el nuevo proyecto	Seré constante para tener éxito en el nuevo proyecto

3.Tenga propósitos positivos.

Si usted acumula y proyecta malos deseos para los demás, estos se devolverán hacia usted multiplicados por un número infinito. Todo lo que usted desee para otros, sea bueno o malo, regresará a usted antes de que pueda imaginarlo. *Tenga presente que el bienestar de los otros es su propio bienestar.*

4. No utilice frases —ni pensamientos— que impliquen trampa o manipulación negativa.

Incorrecto

Voy a convencer a mi esposo para sacarle más dinero...

Seré rico cueste lo que cueste. No me importa la forma...

Hay que ser muy hábil para obtener buenas notas sin estudiar, ¿no lo creen?...

Tengo suerte al tener tanta credibilidad, cuando invento algo todos me creen y nadie lo pone en duda...

Imágenes mentales

Una imagen mental es una representación de lo que usted desea lograr, tener o hacer. Es crear una escena, igual que una película, que usted imaginará o visualizará cada día. Las imágenes mentales tienen el poder de reforzar aquello que usted dice que quiere lograr y también funciona al contrario.

Para cada meta que usted quiera lograr estructure su frase y fabrique su imagen o escenario de acuerdo a aquello que usted se está planteando. Cierre sus ojos y véase a sí mismo:

Rodeado de todo aquello que desea. No pierda ningún detalle, formas, colores, dimensiones.

Sonriente y feliz por haber logrado sus metas. Véase ejecutando las acciones necesarias para lograrlo.

Transformado. Bien vestido. Con buena salud. Excelente estado de ánimo. Positivo y rebosante de entusiasmo.

Disfrutando de su éxito como si ya lo hubiese alcanzado. Aunque esto puede parecerle ridículo es muy efectivo para enviarle un mensaje positivo a nuestro subconsciente y lograr la seguridad que necesitamos.

Algunos ejercicios

Construir imágenes y visualizarlas puede requerir un poco de entrenamiento. Esto lo ayudará a formar en su mente imágenes bien definidas y también a concentrarse mejor en el planteamiento de sus objetivos, de este modo, la visualización será más efectiva.

Es recomendable que se encuentre en un lugar tranquilo y libre de interrupciones, donde nada ni nadie lo interrumpa. Colóquese en una posición lo más cómoda posible, sea en un sillón o en una cama, y relaje su cuerpo. Es importante que no sienta tensiones de ningún tipo. A continuación, expondremos una serie de ejercicios donde usted usará —mentalmente— todos sus sentidos:

1. Cierre los ojos. Imagine que entre sus manos tiene una paloma muy blanca. Detalle la forma de su pico, el color de sus patas, la suavidad de su plumaje. Retenga su imagen. Acaríciela, sienta su suavidad, perciba como emite suaves sonidos y suéltela. Observe como mueve sus alas, escuche como suena su aleteo y vea como se aleja volando suavemente.

2. Siga con los ojos cerrados. Imagine que tiene en sus manos una naranja. Acérquela a su nariz y sienta su aroma. Quítele la concha y despegue cada uno de sus gajos. Muerda uno, sienta su dulzura y como desliza el jugo de la fruta por su mano.

3. Imagine que se encuentra en un campo muy verde y frondoso, donde hay árboles muy altos y el pasto tiene infinitos tonos de verde. El cielo es de un intenso azul claro adornado de nubes blancas y una suave brisa refresca su rostro y sus brazos. Usted se sienta a los pies de un hermoso árbol que lo cubre con su sombra. Desde allí puede oír el canto de los pájaros y también sentir el delicado olor de las flores que puede ver frente a usted. Siente hambre y abre un bolso de color amarillo brillante que contiene frutas. Toma una manzana color verde y la muerde. Mastica el trozo entre ácido y dulce y que además es muy jugoso. Poco a poco va mordiendo y disfrutando la manzana hasta que termina de comerla.

4. Realice evocaciones mentales.
- Recuerde formas y colores variados.
- Evoque las voces de sus amigos y diferentes tipos de sonidos.
- Traiga a su mente todo tipo de olores.
- Imagine que paladea sabores dulces, salados, ácidos, agrios.
- Recuerde qué se siente al tocar texturas ásperas, rugosas, lisas, frías, calientes.

Aun recostado, abra sus ojos. Permanezca así por unos minutos. Estire su cuerpo e incorpórese lentamente. Si piensa que realizar los cuatro ejercicios seguidos le toma mucho tiempo, realice tres un día y el cuarto el día siguiente. Pero practique al menos una vez a la semana, siempre con los ojos cerrados. Recuerde que el objetivo es que usted afine mentalmente sus sentidos y agudice su capacidad de visualización. Mientras mejor logre sentir, ver, oír, saborear, escuchar y tocar en su mente lo que usted desea, su visualización será cada vez más efectiva y esto lo llevará cada vez más cerca de su meta.

Usted puede diseñar todas sus imágenes y también sus sugestiones. Recuerde, siempre en tiempo presente.

En caso de ser una persona enfermiza piense:

Soy una persona saludable.

Gozo de buena salud.

Tengo un cuerpo resistente a los virus.

Imagínese a usted mismo feliz, sonriente y lleno de energía.

En caso de ser una persona de escasos recursos económicos, piense:

Voy en camino del progreso económico.

Cada día soy más prospero.

Cuento con todo lo que necesito para vivir y triunfar.

Cada día me levanto contento para ir a mi trabajo.

Véase rodeado de las cosas que desea, toque los objetos que imagina. Imagínese comiendo en un restaurante de lujo y que está vestido con ropa de excelente calidad.

En caso de ser una persona con sobrepeso, piense:

Mi organismo rechaza lo que no necesita.

Cada día me ejercito más y mejor.

Cada día me veo más delgado.

Estoy quemando muchas calorías.

Imagine su cuerpo delgado y esbelto. Imagine que puede ponerse otra vez aquella ropa que ya no le servía. También que se monta en una báscula y que usted pesa 5 kilos menos de su peso actual. Sienta que su cuerpo está más ligero y más sano.

En caso de ser una persona pesimista, piense:

Yo tengo confianza en mí.

Todo tiene su cara positiva.

El vaso está medio lleno para mí.

Todo me resulta como lo deseo.

Su imagen mental es imaginarse erguido, sonriente y muy seguro de sí mismo.

En caso de ser una persona tímida, piense:
Me encanta tratar con los demás.
Mi comunicación con los demás fluye fácilmente.
Me desenvuelvo muy bien socialmente.
Tengo una brillante personalidad positiva.
Visualícese en una fiesta, saludando a todos y manteniendo conversaciones agradables. Usted se siente una persona segura y espontánea. Los comentarios sobre usted son positivos. Es evidente que todos aceptan su manera de ser.

En todos los casos apoye su esfuerzo mental con el esfuerzo físico, es decir, realice todas las actividades necesarias —en el plano físico real— para lograr su meta. Aplique ese refrán que dice: "A Dios rogando y con el mazo dando".

Una vez construidas sus imágenes mentales y ya formuladas sus sugestiones, el siguiente paso es comenzar a poner en práctica su visualización. Cada noche, tome unos minutos antes de dormir y ya acostado, relájese, cierre sus ojos y comience a repetir sus sugestiones y a visualizar su correspondiente imagen mental. Puede distribuirlas de acuerdo a su tiempo y premura. Puede practicarlas de dos en dos o una cada vez. Puede practicar este procedimiento durante el día, aunque el mejor momento para grabar cada sugestión en el subconsciente es justo antes de dormir. Igualmente, es importante que aparte de las visualizaciones, usted rechace de plano toda idea negativa sobre sí mismo o los pensamientos erróneos que aún pueda tener guardados en su mente. Aunque no sea sencillo en un primer momento, cada vez será más fácil en la medida que usted se acostumbre a un nuevo tipo de pensamiento positivo.

Si usted quiere reconocer el daño que se hace a sí mismo teniendo pensamientos negativos, practique el siguiente y muy sencillo ejercicio:

1. Traiga a su mente el recuerdo de un ser muy querido que esté vivo o el de una experiencia muy agradable que haya experimentado recientemente. *Fíjese como se siente a gusto con estos recuerdos.*

2. Ahora, recuerde una discusión desagradable, un vecino antipático, o algún inconveniente de trabajo. ¿Nota usted cómo el desagrado lo invade nuevamente?

Cuando usted cambia sus pensamientos negativos por pensamientos positivos, el programa que tenemos almacenado en nuestro cerebro cambiará radicalmente y en consecuencia su vida experimentará cambios muy favorables.

El autocontrol

Existen personas que con solo decirles una palabra ofensiva pierden el control, explotando y olvidando la buena compostura. Gritan, se comportan visceralmente, se les brotan los ojos y hasta pierden la bilis, es decir, actúan perdiendo la cordura provocando fuertes daños a su propia salud. Estas son personas vulnerables que no manifiestan poseer autocontrol. Por el contrario, una persona que ante la misma situación logre mantener la calma, no solo estará demostrando un gran control de sí misma, sino también de la situación.

Es totalmente equivocado creer que si uno recibe un insulto debe responder del mismo modo. Este pensamiento negativo lleva a muchas personas a responder con más agresiones verbales para defenderse, para no sentirse menos que la otra persona, o solo por el qué dirán. Sin embargo, es realmente decepcionante observar cómo una persona responde del mismo modo cuando es agredida verbalmente.

Sabemos que hay momentos en que será muy difícil mantener la calma y será casi heroico no perder el control, pero, es importante manifestar autocontrol ante cualquier tipo de provocación. Responder calmadamente y sin insultos, mantener la serenidad ante el agresor, no será sencillo pero siempre lo pondrá a usted en una situación ventajosa respecto a quien realiza la agresión.

Es recomendable poner en práctica las recomendaciones del capítulo 7 "Negatividad acumulada" para evitar la acumulación de sentimientos negativos dentro de su mente.

La persona positiva

Queremos recordarle que una persona positiva no es un ser perfecto. Es una persona que puede cometer errores y comportarse muchas veces como una persona negativa. Los motivos pueden ser muchos, el agotamiento, fuertes problemas o angustias mayores. Es por ello que debemos tener en cuenta que no lograremos borrar del todo nuestros defectos, pero sí podemos mantenerlos bajo control. Una persona positiva:

- Leerá comics e historietas, pero también hallará tiempo para la literatura seria y para libros instructivos.
- Si escucha una conversación llena de chismes y

comentarios negativos no se verá afectada porque tiene fuertes convicciones.

- Hará publicas sus opiniones, pero no está interesada en ganar discusiones sin sentido.
- Sabe que puede ser tomada como ejemplo, pero eso no la hará una persona inaccesible.
- Reconocerá las mentiras, engaños y conceptos erróneos que tienen otras personas, pero será discreta en cuanto a ellos.
- No alardea de todo lo que sabe, ni se siente superior por ello.
- Estará siempre dispuesta a ayudar a los demás sin forzarlos ni obligarlos a cambiar su manera de ser.
- Sabe que el conocimiento ayuda a la superación personal y que este no sirve para alardear de nada.
- Es socialmente activa, no discrimina a otras personas y se relaciona con todos por igual.
- Cuando está en presencia de personas negativas no se contagia de las actitudes equivocadas que ellas manifiestan.
- Su autoestima no se ve debilitada aunque se equivoque y fracase varias veces.
- Las provocaciones vulgares no la hacen perder el control.

- No va detrás de falsos ideales.
- No está interesada en amasar grandes fortunas, ni montañas de cosas materiales para sus herederos, ya que está consciente de que cada persona es responsable de sus logros futuros.
- Mantiene una vida discreta a pesar de sus abundantes bienes económicos.
- Aprende de las equivocaciones de los demás.
- Suele ser original.
- Sabe que las personas negativas no están preparadas para cambiar su modo de ser, pero tampoco siente lástima por ellas.
- Suele hacer críticas constructivas. No le gusta el chisme.
- Le gusta aprender cosas nuevas y actualizar su conocimiento.
- Trabaja para mejorar su entorno y su futuro.
- Si alguien no acepta su manera de pensar o su compañía no se siente mal por ello.

¿QUÉ SE NECESITA PARA SER UNA PERSONA POSITIVA?

1. Una firme autoestima.
2. Buenos principios y convicciones.

3. Capacidad para reconocer los errores propios y las críticas constructivas.
4. Mentalidad abierta.
5. Practicar la buena lectura.
6. Buen autocontrol y evitar la violencia en cualquiera de sus formas.
7. Entusiasmo y optimismo.
8. Evitar el resentimiento y los sentimientos negativos.
9. No querer aparentar falsas realidades.
10. Evitar los conceptos equivocados.
11. Ayudar a los demás.

Sobre este punto queremos resaltar: usted puede ayudar a ser una persona positiva a todo aquel que lo necesite, siempre y cuando esa persona esté dispuesta a recibir su ayuda. Si usted desea ayudar a alguien que se muestra incrédulo o sin disposición al cambio es porque aún no está listo para transformarse en una persona positiva.

Las personas escépticas y de pensamiento frívolo están en otro plano de evolución. No poseen la capacidad de comprender y asimilar cierta información ya que su mente está ocupada en falsas alegrías, necesidad de aparentar, energías mal dirigidas, valores equivocados y otros pensamientos negativos. No insista, ya que perderá su tiempo.

Llegado el momento, ellos mismos le indicarán con su actitud si están dispuestos al cambio.

Y un último consejo, no se burle de estas personas, todos en algún momento pasamos por una experiencia similar. Al igual que ellos también experimentamos la negatividad en nuestras vidas.

	Personas con personalidad positiva	**Personas con personalidad negativa**
1	Su conducta está basada en sus cualidades.	Su conducta está dominada por sus defectos.
2	Hace críticas constructivas.	Sus críticas no le dejan nada bueno a nadie.
3	No cae en provocaciones. Sabe mantener el control de sí misma.	No sabe mantener el control. Responde violentamente ante la más mínima provocación.
4	Se siente satisfecha con lo que tiene y lucha por lograr lo que quiere.	Exagera la importancia de los bienes materiales.
5	Le gusta ayudar a las demás personas.	Disfruta manipulando a las personas.
6	Busca y sabe que la felicidad está dentro de sí mismo.	Cree que encontrará la felicidad en una vida llena de excesos y cosas materiales.

7	Su personalidad destaca porque es espontánea y original.	Cree que llevando grandes joyas y ropa de moda logrará destacar.
8	No pierde su tiempo en tonterías.	Suele "matar" el tiempo desaprovechándolo.
9	Tiene claras cuáles son sus capacidades y está dispuesto a seguir aprendiendo.	Piensa que ya lo sabe todo y supone que es suficiente con lo que sabe.
10	Le gusta leer y llenar su cabeza de nuevo conocimiento.	Mantiene su cabeza llena de tonterías y piensa que la lectura es cosa de aburridos.
11	Está consciente de que es una persona en permanente evolución y que hay muchos iguales o más avanzados que él.	Se sienten muy importantes y suponen que no hay quien pueda superarlos. Lo más frecuente es que posean una baja autoestima.
12	Se alegran con las cosas sencillas de la vida.	Para alegrarse se estimulan artificialmente.
13	Cuando siente envidia la usa como un estímulo para superarse.	Cuando siente envidia, desea lo peor para el otro y lo empuja a desanimarse.

14	Cree en la importancia de crecer espiritual y mentalmente.	Desprecia todo aquello que lo lleve a un estadio superior de mente y espíritu.
15	Aprecia la soledad de vez en cuando	No soporta estar a solas consigo mismo.
16	No soporta las apariencias y se presenta tal cual es.	Está aparentando lo que no es la mayor parte del tiempo.
17	Reconoce cuando se equivoca y cuando los demás tienen la razón.	No admite una equivocación. Asegura que son los otros quienes están equivocados y aunque no tenga la razón, hace de todo para ganar cualquier discusión.
18	Sigue consejo y aprende de la experiencia de los demás.	Cree que nadie puede enseñarle nada y no aprende de sus errores.
19	Habla poco y enseña con el ejemplo.	Es puro bla, bla, bla. No tiene nada que enseñar.
20	Aprecia y respeta a todas las personas sin importar su nivel socioeconómico.	Cree que solo aquellos que tienen dinero merecen ser sus amigos.

21	Usa su inteligencia para tomar buenas decisiones y actuar correctamente en su vida.	Usa su inteligencia para manipular a los demás y lograr beneficios aprovechándose de otras personas.
22	Cuida su salud y tiene pensamientos positivos para consigo mismo y los demás.	Se enferma física y mentalmente de tanta tensión que le generan la envidia, los resentimientos y todo tipo de pensamiento negativo.
23	Se divierte sanamente.	Sus diversiones terminan con una resaca gigante o en un hospital.
24	Vive tranquilo y feliz.	Aparenta estar feliz y tranquilo cuando en verdad no lo está.

No lo deje para más tarde. En sus manos tiene las herramientas.
Para ser una persona positiva y feliz...
¡Éxito!

Índice